THE ★JOHN WAYNE
WORD SEARCH BOOK

THE WESTERNS
LARGE PRINT EDITION

The Comancheros, 1961.

WELCOME, SEARCHERS!
(WORD SEARCHERS, THAT IS)

In the pages that follow, you'll find a bounty of challenging yet easy-to-read puzzles designed to feed your love of word searches and John Wayne.

You'll also be treated to classic photos of Duke in action, as well as bits of trivia that'll surprise even the most avid John Wayne fan.

So what are you waiting for? Let's mount up and start solving!

WHAT'S INSIDE

FAVORITE QUOTES
Find all the underlined words in quotes from classic Duke films.

CASTS
Search for the actors who helped bring Duke's Westerns to life.

CHARACTERS
Seek out all the memorable characters from the best films set in the West.

DUKE'S OLD WEST
A mix of puzzles including Duke trivia, Western history, movie terminology and a whole lot more!

ANSWER KEY......PAGE 280
You won't really need this though, will you, Pilgrim?

SHE WORE A YELLOW RIBBON, PT. 1

Find all the underlined words in these memorable quotes.

"NEVER APOLOGIZE. IT'S A SIGN OF WEAKNESS."

"YOU GOT A BREATH ON YOU LIKE A HOT MINCE PIE."

"THE SUN AND MOON CHANGE BUT THE ARMY KNOWS NO SEASONS."

"OLD MEN SHOULD STOP WARS."

"ONLY THE MAN WHO COMMANDS CAN BE BLAMED."

She Wore a Yellow Ribbon, 1949.

```
R S B J A D P B A V Y S S I N W O E V R T M
R P D V Y O J P P C A F P O G A N N I M S R
I O A N K O O V T T B D T L I R S H H P Q T
S E C N A L S S E N K A E W S S O H N V W O
Z W U D O M K K W T O H J N O O S S O C H O
R G O G T U M M R J S T A U M O C N X U O K
A L I N M N F O E C N I M S N A O O J N L T
S Z W G K U Z B C X S U A L N Y N S S Y M D
E E L Y F A U K L U L W Y B Z X M A H T H H
H Y P R P U U V V A S W X Q P A Z E X T O K
Z E M T E E X B L M M M E A U F O S A K H P
B F B T N N H L W Q H C H A N G E E C D C L
E O Y E N K X A F D M H K S Q K R R O O K L
B R V L J F M M I G A R M Y M B I F K P J B
H E D C T R H E P B M E N S V S A E P A L X
R L H I O V I D E E M Z R S C P J Y R K R F
O I B H C Y W Z T D F P E G Y K G Y G L H R
```

SHE WORE A YELLOW RIBBON, PT. 2

Find all the underlined words in these memorable quotes.

"ABBY, THAT IS THE DAD-BLASTEDEST OUTFIT I EVER DID SEE. QUINCANNON'S OLD BRITCHES."

"THOUGHT BETTER OF YOU. FOUR YEARS OUT HERE AND STILL ACTIN' LIKE A WET-EARED 'KAYDET' ON THE HUDSON."

"YOU MADE A FOOL OUT OF A COUPLE OF YOUNG LIEUTENANTS. THAT'S NEVER AGAINST ARMY REGULATIONS."

She Wore a Yellow Ribbon, 1949.

```
T L A F B R U B F T O P Y K T T R Q N R V H
W H R G E M R Z O K Y X I Q S B E T T E R U
R U G V B I T W O X S U V E N T G D D F W D
M C E U T K B P L B Y H D M I S U J H G N S
T N X C O E L O N H K E Z K A I L X L Q F O
V E H C D H P I U U T A O X G F A X Q W C N
Z E D J Z P T B E S R Z Y X A H T K K X R C
S A B B Y P G L A U Z C Z D A M I N F P O F
D L O U S C A L P T T X Z Y E M O U I U P S
N V G J X Z B D E R A E T E W T N F P T T H
S R A E Y D Q U I N C A N N O N S L G I C T
M H W F A T F B C W O H Z A N U E I N B F A
G L I D I P S O R Y D D N I N J N G U V R C
E F N F T F J J U I E K M K B T U R O M H K
A I T P X L M B Z R C D L U U W S Z Y L P O
Q U J L Q C D W G R J L Y Q W Z J Q G C O N
O J J B L O E Q Y R I A P O N B S U L Z K P
```

COWBOYS, SHERIFFS AND CAPTAINS, PART 1

Duke portrayed dozens of different Western characters in his career.
Find the ones listed below in this word search.

BOB SETON

BRECK COLEMAN

CHRIS MORRELL

DANIEL F. SOMERS

DARE RUDD

DUKE

DUKE HUDKINS

JERRY MASON

RANDY BOWERS

RINGO KID

ROCKLIN

ROD DREW

ROY GLENNISTER

SINGIN' SANDY

SAUNDERS

STEVE PICKETT

STONY BROOKE

TED HAYDEN

TOM CRAIG

Stagecoach,
1939.

Orson Welles
claimed to
have watched
Stagecoach about
40 times while
he made *Citizen
Kane.*

```
S E C H R I S M O R R E L L K N V U U C K F
R R K S R E D N U A S Y D N A S N I G N I S
E H E U S J R K A N T R V M B D T I F J Q D
T N I M D T R I O H O W E M R U O C Z R R M
S D O O O F E T N C R L L J N K M S O X R X
I X H S V S E V K G O Y R L E E C Y D I R J
N X L O A S F L E C O A K X D H R C Q H G N
N J K C B M I L K P N K K R Y U A V A I V O
E L N O M N Y C E D I N I F A D I L Y K U H
L Y B B F D E R Y I F C X D H K G S R U V I
G C E B W R F B R A N M K E D I V V F N L H
Y H I C B G O S D E N A Q E E N T T O Z K U
O T U E H W G Q B S J Y D V T S X E X H V U
R Z N C E K O O R B Y N O T S T N R A Y Z I
W B V R N N N Y A P U V O S J M P W H Q L J U
N E S D A R E R U D D K H M F Z X B J Z W K
Y S K O H L W E R D D O R X I O H A I K H O
```

COWBOYS, SHERIFFS AND CAPTAINS, PART 2

Duke portrayed dozens of different Western characters in his career. Find the ones listed below in this word search.

CAPTAIN KIRBY YORK

CAPTAIN NATHAN BRITTLES

COL. CORD MCNALLY

COLE THORNTON

DUKE FERGUS

ETHAN EDWARDS

G.W. MCLINTOCK

JACOB MCCANDLES

J.B. BOOKS

J.D. CAHILL

LANE

MATT MASTERS

QUIRT EVANS

ROBERT HIGHTOWER

ROOSTER COGBURN

SAM MCCORD

TAW JACKSON

THOMAS DUNSON

TOM DONIPHON

WIL ANDERSEN

The Shootist, 1976.

```
C T D H R P L I T L W H Z P R N C H L E Z S
L A Q T G Z C H U A A M W F O W O A N S G E
J W P Q U I R T E V A N S B B K L E S V N L
B J R T C M B M Y X O O E S E N E R Z B O D
C A P T A I N N A T H A N B R I T T L E S N
C C Q T C I E D F T E C G S T S H J T T N A
V K H X J I N F J N T R A N H U O V O W U C
P S W U B T G K Y R Y M W A I G R G M C D C
C O Q S W F C A I E X M A T G R N T D L S M
D N Y E H I I P M R Q Z V S H E T M O L A B
R O O S T E R C O G B U R N T F O X N I M O
V D R O C C M M A S X Y S C O E N R I H O C
S D R A W D E N A H T E Y D W K R T P A H A
G W M C L I N T O C K W W O E U K S H C T J
J B B O O K S P Q A R Y M D R D R C O D U Z
Z N E S R E D N A L I V W P P K J Q N J X C
Y L L A N C M D R O C L O C C A F W X M P U
```

THE MAN WHO SHOT LIBERTY VALANCE

Try to find all the actors from this thoughtful, film noir-inspired approach to the traditional Western.

ANDY DEVINE

CARLETON YOUNG

CHARLES AKINS

DENVER PYLE

EDMOND O'BRIEN

FRANK BAKER

GERTRUDE ASTOR

JAMES STEWART

JEANETTE NOLAN

JOHN CARRADINE

JOHN QUALEN

JOHN WAYNE

JOSEPH HOOVER

KEN MURRAY

LEE MARVIN

LEONARD BAKER

MARIO ARTEAGA

O.Z. WHITEHEAD

PAUL BIRCH

ROBERT F. SIMON

STROTHER MARTIN

VERA MILES

WILLIS BOUCHEY

WOODY STRODE

The Man Who Shot Liberty Valance, 1962.

Before his last duel, *Liberty Valance* plays the Dead Man's Hand (*Aces and 8s*) in a game of poker.

```
A K E N M U R R A Y W N S E U K A S N P E A
N C T A D C I R I R O O N E D U T U E A D G
D U J L T K H M E M O Y O E Y R P P L U M A
Y Y Q O F R U A I K A T N D O R J U A L O E
D D I N S L E S R W A V S T Y A M E U B N T
E H N E G E F K N L E B H A M S N K Q I D R
V V X T D T L H A R E E D E E I T W N R O A
I I Y T R L O I P B R S S R D D Q R H C B O
N W D E S J E Y M M K S A A A F U O O H R I
E X B N D B L E A A T N R K B N R R J D I R
E O Z A H E Y R M E R R A M I X O I T A E A
R F C E P Q T D W A A E G R W N Z E V R N M
F B R J M I K A I C R G V M F J S W L V E R
J F W Q N P R L N R E V O O H H P E S O J G
L E J J P T H H W I L L I S B O U C H E Y M
G N U O Y N O T E L R A C N V Y E G P Q M J
E K C E B J O Z W H I T E H E A D Z T F G V
```

RIO LOBO, PT. 1

Find all the underlined words in these memorable quotes.

"I <u>COULD</u> <u>SNEAK</u> UP ON A <u>COYOTE</u> IF I'VE A MIND TO!"

"WELL, IF YOU HAD BEEN A <u>GOOD</u> <u>ENOUGH</u> <u>ACTOR</u> I WOULDN'T HAVE USED IT!"

"WELL, I CAN <u>REMEDY</u> THAT; IF YOU TWO DON'T MIND <u>DRINKIN'</u> WITH A 'BLUEBELLY.'"

"I NEVER THOUGHT I'D FEEL LIKE <u>KISSIN'</u> A <u>YANKEE!</u>"

"I'M GLAD YOU TWO <u>WEATHERED</u> THE <u>STORM</u>."

"WELL, YOU <u>FAINTED</u> AFTER YOU <u>SHOT</u> <u>WHITEY</u>, SO WE PUT YOU TO BED."

"WELL, I'LL BE A <u>SUCK-EGG</u> <u>MULE!</u>"

Rio Lobo, 1970.

```
R Q Q N R Y G R I V F D R E X G E J K S A Q
Y E J D A E O O W B R N E N O U G H I M N Q
X R M N L T H M O O R F R T Y E R I S C T C
U P K E C U U Q Q D G I G N N E K N S A N S
D E A A D L O G T Q A B B R T I Z Z I B M M
E C E A E Y P C Y I S A H O T L A H N F R N
N J X E C L V E S X P S Y Y C R S F N M W O
H J I G T N O S F G V O Y E T I H W V E U R
R B W A B O K D T G C O E U J J O E A P M K
J L N I K N I R D E L M C Y R B T T X H L A
K U C F M F G G F K Y P A R I K H B N E S E
M E J M I G L N Z C S T O R M E N G K I U N
Y B U M X O J N R U R X K M R B Q Y X R C S
U E F V E M R C I S X S H E D X U U R H T W
W L T L T L L N J K N O D U W C G P W I G V
P L V T U Z I O N F N S D S H R T O Y L H P
B Y N B M E G V I C K F E C Z W G V H R T X
```

RIO LOBO, PT. 2

Find all the underlined words in these memorable quotes.

"<u>TURN</u> <u>AROUND</u> <u>SHERIFF</u>, I <u>WANT</u> YOU TO SEE WHO <u>KILLS</u> YOU!"

"WHAT ABOUT <u>KETCHAM</u>? HE DON'T GET NO <u>BEER</u>, DOES HE?"

"KETCHAM, WE <u>PROMISED</u> YOU IN A <u>TRADE</u>. BUT WE DIDN'T SAY WHAT <u>CONDITION</u> YOU'D BE IN!"

"I'VE BEEN <u>CALLED</u> A LOT OF <u>THINGS</u>, BUT NOT '<u>COMFORTABLE</u>!'"

"YOU <u>MESS</u> THIS UP, <u>SERGEANT</u> <u>MAJOR</u>, AND YOU <u>WON'T</u> <u>LIVE</u> TO <u>KNOW</u> IT!"

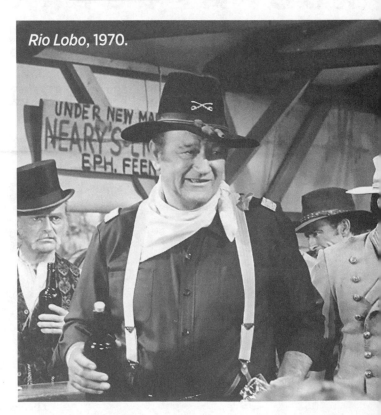

Rio Lobo, 1970.

```
N A R I B J V M C T A Q D T W S C M K Z Y G
R M H O I V Q O S N N P S H O K P C E U Z N
U A U L X R N M W J F A H I N F D O S S U F
T D F G F D E X R R M U E N T I D M K R S W
W G E P I D E S I M O R P G J A H F E C Q K
G T F T T D M W U V I J G S R Z K O L W N R
B S I N C A D W W R N B A M M E D R F C Q C
J O A Q H A K W K P I D U M X D S T F O Y I
N W F C N T L F A X O B Q R P G O A F U Z B
M I T O X Q Y L N X G K P R D M K B I G S G
Y E A R O U N D E W O N K J F H N L R C E K
K Q L Z K N Q M B D X Y P X H E W E E O X L
X D J I B E E R Z K R X E V S D U H H U I Y
M U L O W F R Y U G D F O R A N C Y S V Y U
F L V R R R O P T D F P D Y G F E O E Q U M
S P T F I B V S W U T U F D U U G Y S I B R
E D A R T H C F B Z B T N O Q D I P K L T P
```

THE SEARCHERS

See if you can find all the names of these characters from *The Searchers* (1956).

The Searchers, 1956.

Duke named his son Ethan after his character in *The Searchers*.

AARON EDWARDS

BRAD JORGENSEN

CHARLIE MCCORRY

DEBBIE EDWARDS

ETHAN EDWARDS

LARS JORGENSEN

LAURIE JORGENSEN

LUCY EDWARDS

LT. GREENHILL

MARTHA EDWARDS

MARTIN PAWLEY

MOSE HARPER

MRS. JORGENSEN

REV. CAPT. CLAYTON

SCAR

```
N B E K G M B N P C O C E M L N S I Y Z N G
E R M Q M V O T O C P T S A Y D B K J V E E
S X L D W A G S N T H A U G R I V O Q O S A
N J N F O G R K E A Y R C A L G S K D R N A
E K U Z J S B T N H I A W V B D G X S B E R
G U U J X S U E H E A D L Z N Y A D U Q G O
R F S N F K D T J A E R W C I B R C A H R N
O B R T X W T O C Y E L P F T A A A M Z O E
J D N Y A F R D C U J D C E W P C G D U J D
S J N R O G H U Z Y T G W D R M A L M Q D W
R Z D H E E L B I K M T E A V R U C N Q A A
M S Y N Y R R O C C M E I L R A H C V E R R
G E S Y E L W A P N I T R A M D P N F E B D
D E C G E F N L L B U U W W U J S V F H R S
N C V U G T R Y B L T G R E E N H I L L V C
X T K R B P G E L A R S J O R G E N S E N A
Y Z V R U O D B M C L H L K G Q F E D W B R
```

THE BIG TRAIL, PT. 1

Find all the underlined words in these memorable quotes.

"WHEN A MAN BEGINS TO DO A LOT OF <u>TALKING</u> <u>ABOUT</u> <u>HANGING</u>, HE BETTER MAKE <u>PRETTY</u> SURE AS TO WHO IS GOING TO <u>DECORATE</u> THE END OF THE <u>ROPE</u>."

"<u>DEDICATED</u> TO THE MEN AND <u>WOMEN</u> WHO <u>PLANTED</u> <u>CIVILIZATION</u> IN THE <u>WILDERNESS</u> AND <u>COURAGE</u> IN THE <u>BLOOD</u> OF THEIR <u>CHILDREN</u>."

The Big Trail, 1930.

"<u>WHENEVER</u> I GET MORE THAN <u>THREE</u> OR <u>FOUR</u> <u>FAMILIES</u> WITHIN A <u>HUNDRED</u> <u>MILES</u> OF ME, I BEGIN TO FEEL KIND OF <u>CROWDED</u>."

```
C V D D W Y I B B L P E E S X W W I X I C G
G I N E X P O U N D J X S N G W K O L P O E
N T V V D T L V T K G E C O W G H H M P P Y
I K H I I I N A G Q N J O I E X Q Q A E F O
K S H R L M C V N R A J U C R O W D E D N O
L E D A E I M A E T T K R A N M Z J Q A F N
A I E C N E Z D T D E G A D N E R D L I H C
T L R E V G L A E E W D G O E F P Y G P I O
J I D T R I I D T R D V E V D C Y T U O B A
S M N Z W E J N O I W W J P B B O T X A W M
E A U G J D G P G M O D O O L B K R T C G C
L F H Q I G E J M D X N L L Z J E Z A E H Y
I B W M B C F W D J P L Q J J Y V Z A T R U
M E O U F W A O E Z J L H M H Q D C H C E P
R E V E N E H W U J U L I X U Q D N Y K M T
T Y J Y C K Y U B R G E V A I I L Y O D Y X
J U A B F M F P I F B D R P B G H B B B J T K
```

THE BIG TRAIL, PT. 2

Find all the underlined words in these memorable quotes.

"WE'RE <u>BLAZING</u> A <u>TRAIL</u> THAT STARTED IN <u>ENGLAND</u>. NOT EVEN THE <u>STORMS</u> OF THE <u>SEA</u> COULD TURN BACK THE <u>FIRST</u> <u>SETTLERS</u>. AND THEY <u>CARRIED</u> IT ON <u>FURTHER</u>. THEY <u>BLAZED</u> IT ON THROUGH THE <u>WILDERNESS</u> OF <u>KENTUCKY</u>. <u>FAMINE</u>, <u>HUNGER</u>, NOT EVEN <u>MASSACRES</u> COULD STOP THEM. AND NOW WE <u>PICKED</u> UP THE TRAIL AGAIN. AND <u>NOTHING</u> CAN STOP US! NOT EVEN THE <u>SNOWS</u> OF <u>WINTER</u>, NOR THE <u>PEAKS</u> OF THE <u>HIGHEST</u> <u>MOUNTAIN</u>. WE'RE <u>BUILDING</u> A <u>NATION</u> AND WE GOT TO <u>SUFFER</u>!"

The Big Trail, 1930.

```
F E T U G H B E Y D V T A M O R D O P I D N
A O I U M L N F S W F I E F O N P E Y K E O
M P N Y A G B I V T Y H R A O U A P J Q I T
I K B Z L B D R E T Q Z B X E K N S B B R H
N O I A L B N S R E T N I W S S Q T B B R I
E N N A H D H T R S E R C A S S A M A S A N
G D Z Y Z Q S F T K H S C S D U D G R I C G
R E S I B T H T S E H G I H W T U E H Y N X
D A V Z O H U N G E R C V M D O L W E R Y K
F B W R G V Q S G S W T F T A T N J C Z V X
D U M L I A R T C U M Y G R T E E S U U X A
E S R S S E N R E D L I W E K E N T U C K Y
K U D T H Z L A S O F C S Y Z L D R F R T C
C F V V H Q A V T R F O H S U V V K B N L T
I F H T C E C G C I F W L B U I L D I N G H
P E T R P A R N Q I O S D T M A T M U S H K
V R U O I J V U X B T N B X M L Q G O C H W
```

A JOHN BY ANY OTHER NAME

Duke played a man named "John" no less than 27 times while making Westerns. See if you can find these "John" names!

CAPT. (JOHN) ASHLEY

CAPT. (JOHN) DELMONT

CAPT. (JOHN) HOLMES

COL. (JOHN) HENRY THOMAS

(JOHN) BEAUMONT

(JOHN) BLAIR

(JOHN) BRANT

(JOHN) CHISUM

(JOHN) CLAYBORN

(JOHN) DAWSON

(JOHN) DEVLIN

(JOHN) DRURY

(JOHN) ELDER

(JOHN) HIGGINS

(JOHN) MARTIN

(JOHN) MASON

(JOHN) MIDDLETON

(JOHN) REYNOLDS

(JOHN) SCOTT

(JOHN) STEELE

(JOHN) TIPTON

(JOHN) TOBIN

(JOHN) TRAVERS

(JOHN) TRENT

(JOHN) WESTON

(JOHN) WYATT

SHERIFF (JOHN T.) CHANCE.

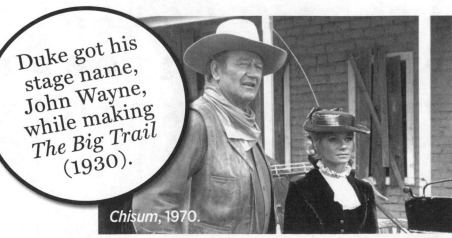

Duke got his stage name, John Wayne, while making *The Big Trail* (1930).

Chisum, 1970.

```
C H I G G I N S S P I J P S E L K N L T H T
A I P D A A C D W J L L A I N X L R B X Y T
P G H P N I L V E D D M E O G R E O L K T O
T U I W C O U Q M A O Q T D V V G B R J P C
A Q H J N S T M J H C P I E I Q L Y J C J S
S U Q Y H D K N T R I A H O B U C A B H E E
H V E Z A R Q Y O T P O P K D T E L T I L M
L R P W G K R X K M W P H T H N R C C S E E
E Y S W F N R Y S N U O B F D M I A J U E T
Y O S H E R I F F C H A N C E E P T V M T Z
N Y Y H R T G J B K B D E R N T L N R E S O
Q E L R E D L E U L R W E B H O I M C A R Z
N O T E L D D I M U A W Y O J B S K O Z M S
C T R E N T M D R Q N I L A O X B A Q N T B
O M C G G P N Y I R T M R T T X E M M V T W
I H W Q R S S Y H K E E A W J T E T D S D C
W E S T O N H S B S Z C E E B X D M X C K E
```

John Wayne plays a game of chess with his son Patrick while Chill Wills looks on in *McLintock!* (1963). Duke was an avid chess player, often bringing a miniature board with him so he could play in between shooting scenes.

THE BEST OF THE WEST, PART 1

See if you can find the names of all of Duke's early Westerns.

BLUE STEEL

LAWLESS RANGE

'NEATH THE ARIZONA SKIES

RANDY RIDES ALONE

RIDE HIM, COWBOY

RIDERS OF DESTINY

SAGEBRUSH TRAIL

TEXAS CYCLONE

TEXAS TERROR

(THE) BIG TRAIL

(THE) DAWN RIDER

(THE) DESERT TRAIL

(THE) BIG STAMPEDE

(THE) LAWLESS FRONTIER

(THE) LUCKY TEXAN

(THE) MAN FROM MONTEREY

(THE) MAN FROM UTAH

(THE) NEW FRONTIER

(THE) STAR PACKER

(THE) TELEGRAPH TRAIL

(THE) TRAIL BEYOND

TWO-FISTED LAW

WEST OF THE DIVIDE

WESTWARD HO

Sagebrush Trail, 1933.

```
T F G S T A R P A C K E R E P J Z P U Y H R
W N E A T H T H E A R I Z O N A S K I E S I
R A N D Y R I D E S A L O N E L Y E R L E D
W L N L D A W N R I D E R L A B E D I A N E
A I A E T C A L X C Q T I W I H R I D W O R
L A X E D S J E R S E A L G A R E V E L L S
D R E T P W O I G X R E S T O E T I H E C O
E T T S R C K H A T S T U B H I N D I S Y F
T T Y E A T J S H S A M B I D T O E M S C D
S R K U H S T P F M O J L G R N M H C R S E
I E C L X E A R P R T Z O T A O M T O A A S
F S U B R R O E F A H U D R W R O F W N X T
O E L R G N D N P S K U H A T F R O B G E I
W D O E T E A Y X Y B H F I S W F T O E T N
T R L I K M R M W F Q B A L E E N S Y F I Y
Y E E D N O Y E B L I A R T W N A E U T K F
T R L I A R T H S U R B E G A S M W U Q K G
```

THE BEST OF THE WEST, PART 2

See if you can find the names of the rest of Duke's early Westerns.

A LADY TAKES A CHANCE

BORN TO THE WEST

DAKOTA

DARK COMMAND

IN OLD CALIFORNIA

IN OLD OKLAHOMA

KING OF THE PECOS

LADY FROM LOUISIANA

RAINBOW VALLEY

RIO BRAVO

STAGECOACH

TALL IN THE SADDLE

(THE) LAWLESS NINETIES

(THE) LONELY TRAIL

(THE) OREGON TRAIL

(THE) SONS OF KATIE ELDER

(THE) SPOILERS

(THE) UNDEFEATED

WINDS OF THE WASTELAND

In *A Lady Takes a Chance,* John Wayne plays a character named Duke— his own nickname!

A Lady Takes a Chance, 1943.

```
I N O L D C A L I F O R N I A D S R D A L S
S E I T E N I N S S E L W A L N P I A L A O
H C A O C E G A T S U K Z B M A O O K A D N
P V I J F J X J L L M K D F Y M I B O D Y S
L I A R T N O G E R O Z R B M M L R T Y F O
Q H T Y S P A P Q L D Y A Q X O E A A T R F
T I O W T T L W X F I M P V W C R V G A O K
O G R S M S Z Z K A E J U W Z K S O F K M A
O L Q L L O N E L Y T R A I L R Q F L E L T
Y E L L A V W O B N I A R R J A D N A S O I
P V W F R D O M Y D H I J B E D B J R A U E
R T K I N G O F T H E P E C O S A W Y C I E
D N A L E T S A W E H T F O S D N I W H S L
M J M J T A L L I N T H E S A D D L E A I D
U E I F H B O R N T O T H E W E S T T N A E
P T U B K I N O L D O K L A H O M A M C N R
D E T A E F E D N U K D P Q Y V X Z S E A N
```

THE BEST OF THE WEST, PART 3

See if you can find the names of all of Duke's Westerns listed below.

ANGEL AND THE BADMAN

BIG JAKE

CAHILL U.S. MARSHAL

CHISUM

EL DORADO

FLAME OF BARBARY COAST

FORT APACHE

MCLINTOCK!

NORTH TO ALASKA

RED RIVER

RIO LOBO

SHE WORE A YELLOW RIBBON

(THE) COWBOYS

(THE) SEARCHERS

(THE) SHOOTIST

(THE) TRAIN ROBBERS

(THE) WAR WAGON

TRUE GRIT

North to Alaska, 1960.

```
S C F B F C Z O M S V W J R C H R S A S L N
Q V L N C A B M R C S X O G H R E H W C A A
E P F I L O L E K O L J A V I C D O A O H M
U K W E L T H C K L O I Y E S I R O R W S D
Q V A O I C S G V F T D N N U N I T W B R A
W Z I J R T R U E G R I T T M M V I A O A B
G R N A G N K G I R M R H C O N E S G Y M E
R D E K J I B H C B E Z J L O C R T O S S H
M S E H G T B L L D H P F O C G K D N F U T
S H E W O R E A Y E L L O W R I B B O N L D
D L Y H W P Q X B H E R O D A R O D L E L N
U X Y S Z R V Q T Y K A L Q J C M D I M I A
T S A O C Y R A B R A B F O E M A L F Y H L
C O N Y A J T R A I N R O B B E R S N O A E
L P N V Z D N O R T H T O A L A S K A B C G
E H C A P A T R O F H B Z H E M N Q S S U N
B T T K H K E G R N G Z U M Q G Z H B L H A
```

STAGECOACH

Can you find all the characters from *Stagecoach* (1939),
Duke's breakout hit (and one of the greatest Westerns of all time)?

BILLY PICKETT JR.

BUCK

CAPT. SICKEL

CAPT. WHITNEY

CHRIS

DALLAS

DEPUTY FRANK

DOC JOSIAH BOONE

ELLSWORTH GATEWOOD

HATFIELD

JERRY

JIM

LT. BLANCHARD

LUKE PLUMMER

MARSHAL CURLEY WILCOX

MRS. GATEWOOD

MRS. LUCY MALLORY

MRS. PICKETT

NANCY

RINGO KID

SAMUEL PEACOCK

SGT. BILLY PICKETT

YAKIMA

Stagecoach, 1939.

Stagecoach was the first film director John Ford shot in Monument Valley.

```
K L C Y D S N W V B Q R V R H M Z D U T I M
H N D A I O F A H Z E Y J M A R B P S T H R
Y P A R P B O A N M Q T V O T S E A D E L S
M Y H R E T T W M C T J Y Z F L M M R K S P
S C C H F F S U E E Y L A O I U S O A C K I
R W A F I Y L I K T J T F N E C A F H I C C
X S H E J P T C C M A I V L L Y M N C P T K
C V L I E H I U E K E G P V D M I N N Y C E
S D M K G P X Y P I E E H N V A K J A L T T
F A U Z Y K N P Y E A L H T Q L A G L L J T
I L L L J E R R Y C D Z A X R L Y L B I Q G
U Z L L D O C J O S I A H B O O N E T B B I
H I M W A H B C D I K O G N I R W K L T U S
B F D E T D K K W A H Q W K C Y L S T G C X
Y E N T I H W T P A C O P Z H G B F L S K B
X O C L I W Y E L R U C L A H S R A M L W Q
P Z M R S G A T E W O O D F R P P Y P C Y E F
```

⭐

TRUE GRIT, PT. 1

Find all the underlined words in these memorable quotes.

"I MEAN TO <u>KILL</u> YOU IN ONE <u>MINUTE</u>, <u>NED</u>. OR SEE YOU <u>HANGED</u> IN <u>FORT</u> <u>SMITH</u> AT <u>JUDGE</u> <u>PARKER'S</u> <u>CONVENIENCE</u>."

"OH, WELL, I DIDN'T HAVE HER <u>LONG</u>. MY <u>FRIENDS</u> WAS A <u>PACK</u> OF <u>RIVER</u> <u>RATS</u> AND SHE DIDN'T <u>CRAVE</u> THEIR <u>SOCIETY</u>, SO SHE UP AND LEFT ME AND WENT BACK TO HER FIRST <u>HUSBAND</u> WHO WAS <u>CLERKIN'</u> IN A <u>HARDWARE</u> STORE IN <u>PADUCAH</u>. 'GOODBYE, <u>REUBEN</u>,' SHE SAYS. 'THE LOVE OF <u>DECENCY</u> DOES NOT <u>ABIDE</u> IN YOU!' THAT'S A <u>DEE-VORCED</u> WOMAN TALKIN' FOR YOU, ABOUT DECENCY. WELL, I TOLD HER. I SAID, 'GOODBYE, <u>NOLA</u>, AND I HOPE THAT <u>NAIL-SELLIN'</u> <u>BASTARD</u> MAKES YOU <u>HAPPY</u> THIS TIME!'"

```
B N L S B L H E I N C R F J J L D Y Y Z I M
C M O R X U S W A O D Z E M L O E P M Y U I
K D P L S Y O I N C Y E R V Q N C P G Y S N
M U H B A E L V H X L I G M I G R A F Y B U
D B A M O S E N E A L E U N K R O H X N S T
B N F T E N Q M I D C N R B A V V I L T R E
D U Y L I U U V K W I U E K F H E Q A J E A
C K L E P V H G C M A B D B I Y E H N U K B
B I N V D B Z F W C O Y A A U N D T D D R F
N C Y Y O R R E Y B D O O G P E M I K G A T
E Y I H C I A D G H C Q J M V T R M I E P R
Y P U D E R E T R S M P B P V Q A S X Q C A
A A A N J C A C S U M X D E R A W D R A H T
Z F D C E Y L V T A X D K S P V A W D H Q S
L S I N K T U K E R B J J D B Q B E S V H Q
U H C Y T E I C O S O V K I J U N A L L I K
F Y W F M E B L N W S F O F Z G N R V H X H
```

★
TRUE GRIT, PT. 2

Find all the underlined words in these memorable quotes.

"YES, I'M OFF EARLY <u>TOMORROW</u> <u>MORNING</u> FOR THE <u>INDIAN</u> <u>NATION</u>. MARSHAL <u>ROOSTER</u> <u>COGBURN</u> AND I ARE GOING AFTER THE <u>MURDERER</u>, <u>TOM</u> <u>CHANEY</u>."

"YOU CAN TELL HIM TO HIS <u>FACE</u>, YOU CAN <u>SPIT</u> IN HIS <u>EYE</u>, YOU CAN MAKE HIM <u>EAT</u> <u>SAND</u> OUT OF THE <u>ROAD</u>, YOU CAN <u>SHOOT</u> HIM IN THE <u>FOOT</u> AND I'LL HOLD HIM FOR YOU—BUT FIRST WE GOTTA <u>CATCH</u> HIM."

"THEY'RE IN THIS <u>STORY</u> <u>TOGETHER</u>. NOW, I'VE GOT <u>BUSINESS</u> ACROSS THE <u>RIVER</u> AND IF YOU <u>INTERFERE</u> WITH ME YOU MAY LAND UP IN <u>COURT</u>, WHICH YOU DON'T WANT TO BE. I'VE GOT A GOOD <u>LAWYER</u> IN J. NOBLE DAGGETT."

```
E H K E R F K N M W D X D O E H S Z R Q H O
J P C O O S R C O I N D I A N Y R O T S R W
C A A O J U P R M U R D E R E R D A M R O N
F D T J B Q R E N C G I N T E R F E R E O G
A L J G Q O D N A S N J T N K C Z Q M I S W
O I O J M N P L U F I X V Z Y B J O V T T N
T C M O D W H A B R N T A E L G M I Y Q E A
U O T S P Z L Q C M R C M G E X L G Q K R C
C X G Q H R X L Z U O I H I F S R E V I R H
V O M E C O S N T B M S X S F S G H X Z H A
E O U A T B O L A H S R A M N E B O G P J N
T A T R Z H K T S J C Q Y O E N Q Y L S S E
U C E Y T B E X P R J O I M Y I W I B X B Y
H L B K H V Y R I R Z T K G E S X D T F D E
Q S R U N F X H T R A C I T C U R E Y W A L
L V G A N B F O F N K B M D W B K N E K Y Q
O I G T R F D L N X W L H O F R D M Y B K S
```

SHE WORE A YELLOW RIBBON

See if you can find the names of the cast from this 1949 film, the second in John Ford's beloved Cavalry Trilogy.

ARTHUR SHIELDS

BEN JOHNSON

BILLY JONES

CHIEF JOHN BIG TREE

CLIFF LYONS

FRANCIS FORD

FRANK MCGRATH

FRED GRAHAM

FRED KENNEDY

FRED LIBBY

GEORGE O'BRIEN

GEORGE SKY EAGLE

HARRY CAREY JR.

JOANNE DRU

JOHN AGAR

JOHN WAYNE

LEE BRADLEY

MICHAEL DUGAN

MILDRED NATWICK

NOBLE JOHNSON

PAUL FIX

RAY HYKE

RUDY BOWMAN

TOM TYLER

VICTOR MCLAGLEN

She Wore a Yellow Ribbon, 1949.

```
J Z N J J M D B D C L B T U J R A N C V K A
O W H O A A H J E L N A G U D L E A H C I M
R A G A N H O J M A T B P N Q J W M I G N R
E M B N R A M E A V S C Y A A A R W E T R C
L I K N D R O F S I C N A R F A T O F H Z U
Y Q U E F G Y H A C H Y T R Y A R B J L L R
T J B D H D J C L T N H A H N G D Y O B E D
M O I R A E A I A O U N Y D E E T D H N E O
O H L U R R F V S R K K E S M C S U N X B X
T N L G O F Z N S M E R K I M F T R B C R J
A W Y N L K H H C C D Y T P A U L F I X A H
P A J Y X O I G G L E W J W G F L Y G U D L
K Y O E J E R Y I A T H Q R P S A X T O L U
A N N N L A L M G G R Y B B I L D E R F E S
S E E D T Y T L S L F R E D K E N N E D Y Z
D B S H M A E T G E O R G E O B R I E N Y Y
A N O B L E J O H N S O N U T T C B S X U Z
```

CHARACTERS

THE SONS OF KATIE ELDER

See if you can find all the characters from John Wayne's first film following his cancer surgery. He even managed to perform his own stunts!

BEN LATTA

BONDIE ADAMS

BUD ELDER

CHARLIE BILLER

CHARLIE STRIKER

CURLEY

DAVE HASTINGS

DOC ISDELL

HARRY EVERS

HYSELMAN

JEB ROSS

JOHN ELDER

MARY GORDON

MATT ELDER

MINISTER

MORGAN HASTINGS

MR. PEEVEY

MR. VENNAR

SHERIFF WILSON

TOM ELDER

Duke did all his own stunts in this film, proving his grit after fighting cancer.

The Sons of Katie Elder, 1965.

```
H D Y S D L B R M O S R R C R R O L O Y P S
Y T A S H K L I E S D E A E I E O O T H H G
S T M V S N N E O K L U D N M D N U C K B N
E L H E E I O R D L I L B E N L A T T A O I
L D G M S H B J I S E R T N M E G Q N Z N T
M Q D T I E A B S T I C T Z E M V E A H D S
A R E Z J Q E S T I B C G S O O J R A R I A
N R O H F I I A T B B O O I E T U R M E E H
R F H H L D M E N I M U A D D I R Y M D A N
N O D R O G Y R A M N U D B V Y L C G L D A
S Y A Y E V E E P R M G Y E E K O R V E A G
E H C U R L E Y E A K Y S V L U S T A N M R
C E H E K Q A R U W H J E L B D T J T H S O
K Y X Y Y L N Z F R W R X S O J E I F O C M
A G D P X C O P C E S N F Z M Z B R A J Q U
C S I S S H E R I F F W I L S O N P Q V T F
W W M S T S Z I N K V C T N G R O U V C F I
```

RIO BRAVO, PT. 1

Find all the underlined words in these memorable quotes.

"YOU'RE NOT AS <u>SMART</u> AS YOUR <u>BROTHER</u>, <u>JOE</u>. HE SEES <u>STUMPY</u> HERE SITTIN' AROUND THE <u>CORNER</u> <u>LOCKED</u> IN WITH YOU...AND IF THAT ISN'T <u>PLAIN</u> ENOUGH, I'LL TELL YOU WHY. IF ANY <u>TROUBLE</u> STARTS AROUND THIS <u>JAIL</u>, BEFORE ANYBODY CAN GET TO YOU YOU'RE GONNA GET <u>ACCIDENTALLY</u> <u>SHOT</u>."

"ALL RIGHT, QUIT. <u>NOBODY'S</u> <u>TRYING</u> TO STOP YOU. YOU WANNA <u>QUIT</u>, QUIT! GO BACK TO THE <u>BOTTLE</u>, GET <u>DRUNK</u>. ONE THING, THOUGH. THE NEXT TIME <u>SOMEONE</u> THROWS A <u>DOLLAR</u> INTO A <u>SPITTOON</u>, DON'T <u>EXPECT</u> ME TO DO <u>ANYTHING</u> ABOUT IT. JUST GET DOWN ON YOUR <u>KNEES</u> AND GET IT."

```
M R Z V U L C Q G K D G E U O T L P B M Z F
A S K T O U V M Q N N H O B P R L C K W Y H
G N K M K E B J O E I U N L I A D C D T J A
U U Y P S R B G X A O Y R O X M L B V F N C
E X N T O T R O U B L E R D B S T I F A U B
X I F T H X P M C I A D K T A O Q C I W O X
P B H J E I R E T O E W P Z D N D G E T U K
F E D H A F N V Z A R E R G U O H Y T P N P
R F X E Z I J G R U T N X R D O D L S I X Y
I J H J K W L O O S H A E I P T E E A O G E
L E E C C C S K Z A O O E R A T H L V E T U
J X U L M S O T N H E M U I E I P U G G K B
U V K I T S C L I U D T E Y N P D C W D M W
P E Z U T O H S S U G A D O Q S T W T I F C
L J M R A L L O D Y Q Q Y Y N L V T S S K F
B P W A C C I D E N T A L L Y E S E E N K T
Y Q F A N W F G G T Q Z L J R O U A Q D W U
```

RIO BRAVO, PT. 2

Find all the underlined words in these memorable quotes.

"YOU'RE A <u>RICH</u> MAN, <u>BURDETTE</u>...BIG <u>RANCH</u>, PAY A LOT OF <u>PEOPLE</u> TO DO WHAT YOU WANT 'EM TO DO. AND YOU GOT A <u>BROTHER</u>. HE'S NO GOOD BUT HE'S YOUR BROTHER. HE <u>COMMITTED</u> <u>TWENTY</u> <u>MURDERS</u> YOU'D TRY AND SEE HE DIDN'T <u>HANG</u> FOR 'EM."

"WELL, YOU'RE THE <u>UNDERTAKER</u>, BURT—<u>BURY</u> 'EM. ANOTHER ONE DOWN BY THE <u>BRIDGE</u>, SEND IN YOUR <u>BILL</u> AND THE <u>COUNTY</u> WILL PAY YOU."

"<u>SUPPOSING</u> I GOT 'EM. WHAT'D I HAVE? SOME <u>WELL-MEANING</u> <u>AMATEURS</u>, MOST OF 'EM <u>WORRIED</u> ABOUT THEIR <u>WIVES</u> AND <u>KIDS</u>. BURDETTE HAS 30 OR 40 MEN, ALL <u>PROFESSIONALS</u>. ONLY THING THEY'RE WORRIED ABOUT IS <u>EARNING</u> THEIR PAY. NO, PAT. I'D JUST BE <u>GIVING</u> THEM MORE <u>TARGETS</u> TO SHOOT AT. A LOT OF PEOPLE'D GET <u>HURT</u>. JOE BURDETTE ISN'T WORTH IT. HE ISN'T WORTH ONE OF THEM THAT'D GET <u>KILLED</u>."

```
F A U A Z P A G E R S G N G Y O Z Y R Q U B
Q U F H E O N M E A Z T N A E E O T E G U X
U J G O J I O K A G R L E I J R P N P R T J
A T P H V Y A B Z T Z N W G N Z W U Y R G X
O L U I Q T U H B K E J I T R A D O B B Y Y
E R G Y R R O X D K U U O N L A E C P B P T
T E C E D T A E L X U V R P G Z T M B V L N
C A D E F T T S S E V I W S Y L F F L L M E
Y N T R F T B U W V J Q L U P S Z E T L N W
U T C P I W R P H R Q F E I B Z O B K S E T
E R I M E O O P P R O F E S S I O N A L S W
A Q M W G R T O C S B X D D R K H H Y W R U
B O W U D R H S J W D E D A I M C A C B L R
C O H P I I E I D E L I N X C E N N I L O M
B U R T R E R N S L D Y K E H N A G I O P S
P M P L B D F G I S R E D R U M R B D F H C
O A W R M Q Y K T L J H N A E L O N A B I S
```

WESTERN LOCALES

John Wayne loved using the natural beauty of America as the backdrop for his Westerns. See if you can spot all these famous Western places in the puzzle.

ALABAMA HILLS	MOBIUS ARCH
ARIZONA	MONUMENT VALLEY
ARTIST POINT	NATIONAL ELK REFUGE
EAST MITTEN	PARRY LODGE
ELEPHANT BUTTE	PROFESSOR VALLEY
GOULDING'S LODGE	SPEARHEAD MESA
JACKSON HOLE	TETON RANGE
JOHN FORD POINT	THE NORTH WINDOW (ARCH)
KANAB	THREE SISTERS
LONE PINE	UTAH
MOAB	WEST MITTEN

Monument Valley, Arizona.

```
N A T I O N A L E L K R E F U G E Y E J G T
H P G H Y X W B B I F N E W C Y E E G O F T
C A G E I J I U H O E T O W H L W L D H T N
R R H R Y V A B N T T D F R L Y P O O N H I
A R C A D L Q M T U N T O A N I W H L F R O
S Y N L T R T I B I L G V E R G L N S O E P
U L R D H U M T W O L T T E T O B O G R E T
I O G Q V T N H N O N K A N A B G S N D S S
B D O Q S A T E T E A N O Z I R A K I P I I
O G B E H R P E M X R E H L V S V C D O S T
M E W P O I L U K R H I W D N X R A L I T R
I J E N N P N J G X C R D Z C G S J U N E A
P L E E N O S L L I H A M A B A L A O T R H
E H Z A M S P E A R H E A D M E S A G S S N
T F E G N A R N O T E T E A S T M I T T E N
Y E L L A V R O S S E F O R P B A O M V B O
C G V L E X F I Q R U L E T W N F D N F J H
```

Rio Grande, 1950.
This was the last
film of John Ford's
cavalry trilogy,
but the first film
Duke made with
son Patrick and
actress Maureen
O'Hara.

DUKE'S OLD WEST

WORDS OF THE WEST, PART 1

Duke knew it was best to "talk low, talk slow, and don't say too much." But when he did talk, you might have heard him utter one of these classic Western words or phrases.

BALDERDASH

BANJO

BARRENS

CATTLE DRIVE

CAVALRY

FISTICUFFS

GUNFIRE

HARD WORK

HERD

JUSTICE

LASSO

NOTORIOUS

OUTLAW

PROSPECTING

RANCH

RUTHLESS

SADDLEBAGS

STIRRUPS

STOCKADE

TENACIOUS

TREATY

VALIANT

VENDETTA

YONDER

Rio Lobo, 1970.

```
F C N I S F M M G Y B J D L O O X K B Y A B
F J C O U T N U W U J A M G W R T A A W Q A
K N J O T O O R D X N X L X C F J R G D D R
A R V C N O J C J U V F M D I D K I C E G R
B Y O N H M R P K Q Y X I S E T L H U N W E
H O F W C E J I V A S V T R Z R R Y I M A N
F N L N D C V A O G D I I P E T D T Z K L S
A D W A V R L I A U C E R T R O C A X P T T
T E L W I I A B R U S H Z E A E T L S N U S
T R D F A Q E H F D S K A Z P Z Q P Z H O K
E D F N N L M F I P E T K S R U T H L E S S
D R T J D Z S B U V Y L O T E N A C I O U S
N E Q D H Z X R O A W R T Y R L A V A C A Z
E H A C J J R D S D P V N T G J U S T I C E
V S N G H I C E S O J N A B A U W W P P T P
J A T E T A E Z A L L K E P E C A B X O D H
R A C S I R A S L T T Z O A L Q X Q D F C K
```

WORDS OF THE WEST, PT. 2

Keep an ear out and you'll likely hear one of these terms while watching a classic Duke Western, like 1969's *True Grit*.

BAMBOOZLE

BANDWAGON

BELLYACHE

CAHOOTS

EPIC

FORTITUDE

GRIT

HOGTIE

HORSE

INVASION

LAWS

MOUNT

RANGE

RODEO

SALOON

SOLITARY

SPURS

STAMPEDE

TALLOW

VICTORY

YOKEL

True Grit, 1969.

```
X T L S L R T M B L J S O R V B Y N X J N S
E D O E O A U E D A S T Z O C A Y P E D O O
X I K A L L L O S W R A K D U M Q L R B G W
C O N L A L I F X S U M R E J B D O E T A A
Y H O V Y E A T G C P P A O L O I V I F W Y
Q W O A A T D B A P S E N H K O R R G F D E
Z V C G H S U U U R U D G S Y Z G B S W N Q
E H S T T H I G T M Y E E R N L S M Y S A J
E S B R R I H O A I T S O J G E O V J G B P
Z N R B O H E C N J T T K B M U D T O U D Z
D J L O F H A P E Z C R U S N N O O L A S I
T F O R H H H F Y I K M O T T K C K A P V V
M M P G O Z U L V Q H P G F C E T D E V F C
I L I O Y L O Y M A M S X Q D H P U P O F O
S F T R D H V B U P K U G L O U F I V W U W
F S T Z V V O B J C Q M N Q Z S D G C B C L
G Q U H C E Y O F J E V Y V E E B B U L G Y
```

ROOSTER COGBURN

See if you can find all the actors in this 1975
sequel to *True Grit*!

ANDREW PRINE

ANTHONY ZERBE

CHUCK HAYWARD

GARY MCLARTY

GENERAL STERLING PRICE

JACK COLVIN

JERRY GATLIN

JOHN MCINTIRE

JOHN WAYNE

JON LORMER

KATHARINE HEPBURN

LANE SMITH

MICKEY GILBERT

PAUL KOSLO

RICHARD JORDAN

RICHARD ROMANCITO

STROTHER MARTIN

TOMMY LEE

WARREN VANDERS

Duke was born exactly two weeks after his Rooster Cogburn costar, Katharine Hepburn.

Rooster Cogburn, 1975.

```
C K J E R R Y G A T L I N J U B F S X K R S
G D A E N Y A W N H O J C V I U R M P K I M
A K C T N T P A U L K O S L O E U V S A C L
E K E Q H R C I O G F K H H D O K T T A H N
G E N E R A L S T E R L I N G P R I C E A A
T H L Y R L R Y Y H F P A M Q O H J H P R D
O C H C U C Y I E Q Y V X T T G T A U P D R
M F H D N M Y X N N N D F H D N I C C T R O
M D J C L Y X N R E I O E V Z A M K K Z O J
Y V L O C R P A R E H R O A E N S C H M M D
L C U K W A E R E N M E P Y B G E O A E A R
E L G Z Q G A N T A L R P W O C N L Y L N A
E K U H L W U O R H V S O B E S A V W G C H
Q L L S Y Z V T X L N G S L U R L I A C I C
N T R E B L I G Y E K C I M N R D N R M T I
A N T H O N Y Z E R B E O D T O N N D I O R
W D E R I T N I C M N H O J P M J F A P X R
```

McLINTOCK!, PT. 1

Find all the underlined words in these memorable quotes.

"I KNOW, I KNOW. I'M GONNA USE <u>GOOD</u> <u>JUDGEMENT</u>. I HAVEN'T LOST MY <u>TEMPER</u> IN <u>FORTY</u> <u>YEARS</u>, BUT <u>PILGRIM</u>, YOU <u>CAUSED</u> A LOT OF <u>TROUBLE</u> THIS <u>MORNING</u>, MIGHT HAVE GOT SOMEBODY <u>KILLED</u>...AND SOMEBODY OUGHTA <u>BELT</u> YOU IN THE <u>MOUTH</u>. BUT I WON'T, I WON'T. THE <u>HELL</u> I WON'T!"

"CUTHBERT H. <u>HUMPHREY</u>, <u>GOVERNOR</u> OF OUR <u>TERRITORY</u>, IS A <u>CULL</u>. DO YOU KNOW WHAT A CULL IS, <u>MA'AM</u>? A CULL IS A <u>SPECIMEN</u> THAT IS SO <u>WORTHLESS</u> THAT YOU HAVE TO <u>CUT</u> HIM OUT OF THE <u>HERD</u>. NOW IF ALL THE PEOPLE IN THE <u>WORLD</u> WERE PUT IN ONE HERD, <u>CUTHBERT</u> IS THE ONE I WOULD THROW A <u>ROPE</u> AT."

```
M A A M H M L D Z W Q L H M W Z H C I R X E
L N F E F M A A X O Q U B B R N T Y M D C H
E L B U O R T B W R R Q U U M P R Y C I A T
R O N R E V O G O T V D P T W O I U J Z B U
G J C L I D N W R H Q T J E T P T R L N Z O
J O C U E T A M L L G W S I C H Y E A R S M
E T O S T F V Y D E W R R P B P H E L L D H
H E U D C T H Z L S A R H E E S I D R K M Y
E A N M U D D F B S E M R F X C O L D C T G
C S T W L Y T R L T W T B E O B I P G N I M
X W K W L B W E L K I L L E D R D M R R B Z
X F L C A R X P H Z O E Y S D G T R E O I R
G N I N R O M M B E L T Z H F T D Y E N P M
X F F L L W A E G Q M M W V E C H Z P H I E
K O J W K C O T D H L K Y A C K M I R L L K
T M P J B G I E S G U V V Y Y T G M C H V G
O W Y E R H P M U H O T N E M E G D U J A Q
```

⭐

McLINTOCK!, PT. 2

Find all the underlined words in these memorable quotes.

"IF THESE <u>SETTLERS</u> GET <u>BURNED</u> OUT, THERE'LL BE A LOT OF <u>HOLLERIN'</u> THAT THIS <u>COUNTRY</u> IS TOO <u>WILD</u> TO BE A <u>STATE</u>. WE'LL GO ON BEIN' A <u>TERRITORY</u> SOME MORE, WITH A LOT OF <u>POLITICAL</u> <u>APPOINTEES</u> <u>RUNNIN'</u> IT <u>ACCORDING</u> TO WHAT THEY <u>LEARNED</u> IN SOME <u>COLLEGE</u> WHERE THEY THINK <u>COWS</u> ARE SOMETHIN' YOU <u>MILK</u> AND <u>INDIANS</u> ARE SOMETHIN' IN FRONT OF A <u>CIGAR</u> <u>STORE</u>."

"I <u>CAN'T</u> <u>HELP</u> THIS <u>STUPID</u> <u>LOOK</u>. I <u>STARTED</u> <u>ACQUIRING</u> IT AS YOU <u>GAINED</u> IN <u>SOCIAL</u> <u>PROMINENCE</u>!"

McLintock!, 1963

```
M A F P R D S L T A L N M N I Z H A Y G C D
S P C O B N E O A B F E Q Z Z O N Z R F O U
R S P Q A U E N L I D A W D L K Y G O U W C
D Z T I U E R A R I C J E L Z M N M T E S Q
Y N D V S I C N W A K O E C L L I J I T F S
Y N D J U I R E E W E R S H N L P E R A Y L
I V R B T E U I K D I L K T K E O Z R T T V
D E N I A G N M N N B L T N A C N Z E S Z U
Z A L B L E N Y V G R R D C X V X I T L E O
K O D U S L I S T O R E W M F O V B M J I S
P X T B E L N Y R T N U O C N A K X I O T T
K T B Z T O Q S V B I R Q O J M O Z O U R P
H B Z Q T C P I A F S E E T N I O P P A D P
H U E I L S T A R T E D P K K S L I G X M A
O O D K E U F N N Q E L R L Q V D I N O C M
A C C O R D I N G S S Q I F E H C A X G Z P
P P G G S K V S M E J W Z V F H E X Y K A G
```

THE ALAMO

Try to locate all the characters from John Wayne's labor of love, which saw Duke star as the larger-than-life Davy Crockett!

CAPT. (JAMES BUTLER) BONHAM

CAPT. (ALMARON) DICKINSON

COL. DAVY CROCKETT

COL. JIM BOWIE

COL. NEILL

COL. WILLIAM TRAVIS

DR. SUTHERLAND

EMIL SANDE

FLACA

GEN. SAM HOUSTON

GEN. SANTA ANNA

JETHRO

JOCKO ROBERTSON

JUAN SEGUIN

LISA ANGELICA (DICKINSON)

LT. REYES

LT. 'IRISH' FINN

MRS. DENNISON

NELL ROBERTSON

PARSON

SMITTY

(MRS.) SUE DICKINSON

THIMBLERIG

The Alamo, 1960.

```
A M N E C S E A M U P G I J L O C J N P T G
C R H X Z I D C N F I N I L E A K E U T G E
I S Y T E V N C U N J L I R P T L U E I N N
L D T N K A A J A G A E T T E L H K J O V S
E E L K Z R S X T P N A B I R L C R S F R A
G N T T U T L K O L T O T O R O B N O T V M
N N K P Q M I G O C N D B N R I I M S W H H
A I H R S A M C N H I E I C A K S G I X N O
A S P C C I E F A H R S Y C C S Q H D H R U
S O A C A L F M O T M V H I K E N R F P T S
I N R I R L N B S I A H D Z F I J E D I J T
L P S W E I X O T D H E Y O D P N M G A N O
D Z O N M W N T L X U L T R E Y E S E K N N
Z O N T O L Y O E S L C O L J I M B O W I E
Y N R A B O C D N A L R E H T U S R D N U L
K M I Q Q C K Z R N A N I U G E S N A U J J
J O C K O R O B E R T S O N B F N J X H S R
```

DUKE'S OLD WEST

GUNSMOKE

In 1955, Duke personally introduced the first episode of the beloved Western series *Gunsmoke*. See if you can find all these words, names and phrases related to the show!

BORDELLO

BURT REYNOLDS

CBS

CHESTER

DOC ADAMS

DODGE CITY

FESTUS HAGGEN

HOWARD RUDD

JAMES ARNESS

KANSAS

KEN CURTIS

LONG BRANCH SALOON

MARSHAL MATT DILLON

MISS KITTY

RADIO

RETURN TO DODGE

SAM

SOMBER

TELEVISION

TWENTY SEASONS

More than 600 episodes of *Gunsmoke* were made during its 20 years on TV.

Gunsmoke, 1955.

```
N N X R Z D B W N O Y Z J T J A N W Q N T X
O D T E S I H N B O Y U W U P X L H P O R F
O F N T C N T T X W R H V N R W P X S L O F
L U W U T W E N T Y S E A S O N S D N L J F
A S E R S D C D B K E C D R U R L S O I A Q
S P X N Q A D B O I E O H O I O H A I D M J
H F X T X T V U C D C N J E N E S M S T E E
C I E O S H G V R A G X C Y S A I H I T S M
N L U D N O M O D D L E E U S T O R V A A I
A O H O G E R A L M R R C N R G E W E M R S
R S V D M D M V N L T A A I A T U R L L N S
B B E G V S G Y N R E K W O T Z I B E A E K
G C J E T O H Y U G O D Z O E Y W S T H S I
N S O M B E R B Z C Z K R S H B T F C S S T
O F E S T U S H A G G E N O Y F T W R R H T
L O I D A R U E T M K D W J B L K E H A I Y
A O M Z R E H Y X H Q Y Y K X M L O U M Z S
```

THE BIG TRAIL

See if you can spot the name of these actors
who brought *The Big Trail* (1930) to life.

ALPHONSE ETHIER

ANDY SHUFORD

CHARLES STEVENS

DAVID ROLLINS

DEWITT JENNINGS

DODO NEWTON

DON COLEMAN

EL BRENDEL

EMSLIE EMERSON

FRANK RAINBOTH

FREDERICK BURTON

HELEN PARRISH

IAN KEITH

JACK CURTIS

JACK PEABODY

JOHN WAYNE

LOUISE CARVER

MARCIA HARRIS

MARGUERITE CHURCHILL

MARION LESSING

PETE MORRISON

TULLY MARSHALL

VICTOR ADAMSON

WARD BOND

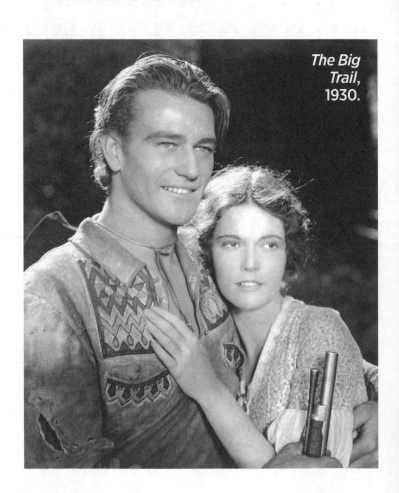

The Big
Trail,
1930.

```
K P P A Q H L F D R O F U H S Y D N A R H A
Q F X Z A F S B R D O D O N E W T O N E T L
M A R G U E R I T E C H U R C H I L L V O P
V P Y D L Q D W R I D W J H R E L G I R B H
I E D O C E X N V R A E A W N N N N A A N O
C T O N N N D U O R A R R Y M I J V N C I N
T E B C J I N N D S L P A I S U O X K E A S
O M A O V C H B E E R W N S C A J U E S R E
R O E L K H O D S R N E E E H K T W I I K E
A R P E X N M S U H B L M B L P B A T U N T
D R K M D Q T N O O N L B E V E H U H O A H
A I C A L E D J X O Q Z E F E W H I R L R I
M S A N V S G N I N N E J T T I W E D T F E
S O J E S I T R U C K C A J H G L A G J O R
O N N R D M A R C I A H A R R I S S D Q J N
N S N M C M S N I L L O R D I V A D M V A X
T U L L Y M A R S H A L L J J K T G C E T P
```

THE MAN WHO SHOT LIBERTY VALANCE, PT. 1

Find all the underlined words in these memorable quotes.

"LIBERTY VALANCE IS THE TOUGHEST MAN SOUTH OF THE PICKETWIRE...NEXT TO ME."

"THIS IS THE WEST, SIR. WHEN THE LEGEND BECOMES FACT, PRINT THE LEGEND."

"YOU KNOW WHAT SCARED 'EM—THE SPECTACLE OF LAW AND ORDER HERE, RISIN' UP OUT OF THE GRAVY AND THE MASHED POTATOES."

"CAN'T A MAN HAVE A DRINK AROUND THIS TOWN IN PEACE?"

The Man Who Shot Liberty Valance, 1962.

```
A U S T W I Q E T R U W T P V A L A N C E Y
K L E T C A F N D S Q Z I R U M M G P U T I
L B O S T V Y T F A E C Y J A A W W M R E W
L A T C X D V S S L K H W Y S E V W E Y M D
J A A A O F W M D E I V G H Z S G B H H R W
X E T R C A N J T E O B E U A I I U I W I M
O M O E L K D W H R D D E N O L J Z E T S Y
K A P D N K I C Y X P X Z M W T Y S D K X T
L P S O L R U Q L B E H C C B O T R E T V P
D E T K E H T U O S A P D B T R T R K A I T
E Y G Y Y Y Z C W B C D N A M L B N C K U M
Z A U E J Y P T S R E I Y D R T P T L T P L
R D G N N U I M P E L C A T C E P S N X J J
E H R T B D U M A B Q W O R K B Q I Y I K Q
D K D I R R X W R F D G V E E Q S P Q Y R Z
R N B C N K X C V Y G H M M N I J Z B Z P P
O Q L A I K I V N A V W B I R F G R A V Y A
```

THE MAN WHO SHOT LIBERTY VALANCE, PT. 2

Find all the underlined words in these memorable quotes.

"<u>HALLIE'S</u> YOUR GIRL NOW. GO BACK IN THERE AND TAKE THAT <u>NOMINATION</u>. YOU <u>TAUGHT</u> HER HOW TO <u>READ</u> AND <u>WRITE</u>; NOW GIVE HER SOMETHING TO READ AND WRITE ABOUT!"

"<u>OUT</u> <u>HERE</u>, A MAN <u>SETTLES</u> HIS OWN <u>PROBLEMS</u>."

"<u>NOTHING'S</u> <u>TOO</u> <u>GOOD</u> FOR THE <u>MAN</u> WHO <u>SHOT</u> LIBERTY <u>VALANCE</u>."

"THE <u>UNSTEADY</u> <u>HAND</u> <u>BETRAYS</u>."

"<u>POMPEY</u>, GO FIND <u>DOC</u> <u>WILLOUGHBY</u>. IF HE'S <u>SOBER</u>, <u>BRING</u> HIM BACK."

The Man Who Shot Liberty Valance, 1962.

```
T U O Q T T W G F V J P U H P N R Y G D S N
E M E W N O M I N A T I O N R S F E A O O C
X N E Q F A P Q S G U V P S O P E E B T O B
Y D A E T S N U E H E R E E B O R I H O Q D
D V X N R X A Q L G E Y Q S L L O I L Y S E
W N W P A D W X T N F J F I E B N T V L Z B
N I V H W Q K Z T I B X S T M G E B U O A D
A W L N K W Z I E R U N B A S I I T P T S H
M C S L R Q Q N S B Y S Y U T L V J R P Z D
N B Y Q O J U G K F B T H G X C W Y O A D B
A M W C K U U W N Z R T M H W V Q M N Q Y E
B I O K K R G M Z E R I M T P I P X G X Y S
W D J R I R H H B F H C Q V P E E A Y N T L
S I E T I R W I B A H I S S Y X E T H O D R
S H E Z U D L S N Y K K H A E B X M F R W H
B X F G H X J D R M B V O Q V A L A N C E S
G Y T M Z V B W C U J X T Q R N E T U G W C
```

ANGEL AND THE BADMAN

Try to find all the characters from the first film Duke produced and starred in.

BRADLEY

CHRISTINE TAYLOR

DR. MANGRAM

FREDERICK CARSON

HONDO JEFFRIES

JOHNNY WORTH

LAREDO STEVENS

LILA NEAL

MARSHAL MCCLINTOCK

MRS. WORTH

NELSON

PENELOPE WORTH

QUIRT EVANS

RANDY MCCALL

THOMAS WORTH

WARD WITHERS

Angel and the Badman, 1947.

The working title for this movie was *Angel and the Outlaw*.

```
H O N D O J E F F R I E S S N U Y R H A R R
E P W A R D W I T H E R S O C N E O T C W P
C N Q R D W P C A Y H E S J O F L L R Q B K
L F S S B X E R H J V L E S R I D Y O D V C
J R Q Y O H R H D T E Y R U P K A A W L T H
B A X W L G V R P N R A R E L I R T S A Q W
V O T N B L M G W Y C O N U J Y B E A R U V
E L B M N A A S P K I E W Y W A N N M E I F
K C O T N I L C C M L A H S R A M I O D R S
W A W G O B P I C O T B J O R N I T H O T F
D M R I S T R Z P M H T Y N R M W S T S E Z
N A G P Q E G E I V Y X X J W J Z I Y T V A
M Q A O D K W B I F W D P H X I B R R E A J
E S H E J O H T R O W Y N N H O J H H V N R
U R R T R E B C H N H W U A S V B C Z E S C
A F S T N G J M G I U M Q J R M H Q B N Q M
Q S H L A E N A L I L Q V W L L N R Q S G A
```

FAMOUS OUTLAWS

Duke's characters always tried to do what was right, which likely would have put them at odds with these real-life outlaws. See if you can find them all hiding out in the puzzle!

BELLE STARR

BILLY THE KID

BLACK BART

BONNIE AND CLYDE

BUTCH CASSIDY

CHEROKEE BILL

CURLY BILL

FRED WAITE

HOODOO BROWN

JAMES AVERELL

JAMES ("JIM") MILLER

JESSE JAMES

JOHN WESLEY HARDIN

LAURA BULLION

MADAM VESTAL

PEARL HART

SALLY SCULL

SAM BASS

ZIP WYATT

Butch Cassidy, 1866–1908.

```
N E D T D O Z O M E M J O Z I H J N H V L D
D I D R E L L I M S E M A J G J A O O B L I
B R D Y B U T C H C A S S I D Y M I O G I K
L E C R L E F Z I P W Y A T T N E L D C B E
S L L H A C B R O D D X I J F T S L O X E H
N S I L M H D L E F L W V C Q K A U O I E T
I Z A B E L Y N A D K I N B I F V B B L K Y
B C Q B Y S N E A C W N A B H A E A R L O L
L G Q L M L T I L E K A T S O F R R O U R L
K G P G Y A R A Q S I B I P O E E U W C E I
S C M P M D S U R L E N A T N A L A N S H B
P W N S Q M S M C R Y W N R E Q L L C Y C J
L A T S E V M A D A M B N O T L B M A L X Z
J E S S E J A M E S X M V H B O K M K L G K
P E A R L H A R T L W K R R O I Q G O A C H
U R U J D D G Q X N F T T P O J D J Q S U O
F Y K H F J C O S L S W U K P C T V K J Z H
```

The Cowboys, 1972. After the movie premiered, actor Bruce Dern received hate mail regarding his character shooting Duke in the back.

FORT APACHE

Try to find all the cast members of *Fort Apache* (1948), which sees Shirley Temple work with Duke in one of her final films.

ANNA LEE

CLIFF CLARK

DANNY BORZAGE

DICK FORAN

FRANCIS FORD

FRANK FERGUSON

GEORGE O'BRIEN

GRANT WITHERS

GUY KIBBEE

HANK WORDEN

HENRY FONDA

IRENE RICH

JACK PENNICK

JANE CROWLEY

JOHN AGAR

JOHN WAYNE

MAE MARSH

MARY GORDON

MIGUEL INCLÁN

MOVITA

PEDRO ARMENDÁRIZ

PHILIP KIEFFER

RAY HYKE

SHIRLEY TEMPLE

VICTOR MCLAGLEN

WARD BOND

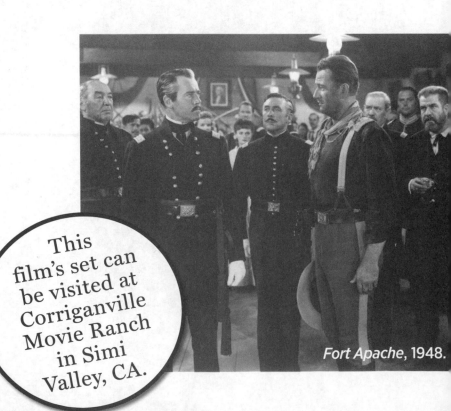

This film's set can be visited at Corriganville Movie Ranch in Simi Valley, CA.

Fort Apache, 1948.

```
N R A G A N H O J H P G W N N V L E K J I G
L E Z Y Q T A H A D R L R O O H B X C F D E
D U L I D N I N D A Z E L S D C F W I N S O
Y A E G N R K V N P F Y D U R B O J N E K R
G K N A A W O T O F H J D G O S I F N X M G
K U L N O L W F E M O G R R G V R K E L A E
D E Y R Y I C I S H I R L E Y T E M P L E O
E R D K T B K M N I F D X F R W N O K C H B
H E B H I P O W R V C T Y K A A E I C L S R
N O E C I B A R M O J N X N M R R C A I R I
W R L L A Y B Z Z V T X A A A D I D J F A E
S W I J N Y M E W A R C P R F B C R J F M N
D H X E F H I T E L G N I F F O H U A C E D
P L J A N E C R O W L E Y V R N W F G L A F
L A K Z I R A D N E M R A O R D E P H A M Z
E K Y H Y A R N A L C N I L E U G I M R J U
A D N O F Y R N E H D I C K F O R A N K E L
```

LEWIS AND CLARK

Long before Duke set foot in the West, Lewis and Clark (and Sacagawea) blazed the trail for this great country's expansion.

CHOPUNNISH

CLEARWATER RIVER

FORT CLATSOP

FORT MANDAN

KANSAS

LAKOTA

LEMHI PASS

LOUISIANA (PURCHASE)

MANDAN

MERIWETHER LEWIS

MISSOURI

MOUNT HOOD

NAPOLEON I

SACAGAWEA

SHEHEKE

SHOSHONE

ST. LOUIS

THOMAS JEFFERSON

WILLIAM CLARK

YELLOWSTONE

Lewis and Clark on the Lower Columbia, Charles M. Russell, 1905.

```
S D H W M P U T D L W O E J H I P S S I C M
I L U M E G O W H W O N L S I G M A Q L P Z
V C F L R O Z S P O O U I L P U C K E I M E
F F E V I Z T T T H M N I E K A E A Q R J N
P O K K W D G D S A N A C S G Q R M M U Z O
N K E W E B T O O U L P S A I W H R K O E T
A C H D T G H M P O F C W J A A C S B S T S
P W E W H S N O D J H E T T E L N A L S E W
O B H J E B H W H C A T E R R F K A I I L O
L L S F R C S E N J J R N G O H F P J M U L
E A V M L F C L A N R N J U D F A E Z E Y L
O K E U E S S A P I H M E L O E O N R K O E
N O X B W O Y V V N A D N A M M F M A S F Y
I T F V I Q A E F O R T M A N D A N K K O X
V A L J S P R S T L O U I S K A S U U N N N
Y P X P K L D E K P L W Q N Q A T V H H V L
K R A L C M A I L L I W G K S Z B P A I N X
```

CHARACTERS

HONDO

See if you can find all the characters from *Hondo*,
one of the rare Duke films shot in 3-D.

ANGIE LOWE

BUFFALO BAKER

ED LOWE

HONDO LANE

JOHNNY LOWE

LENNIE

LT. MCKAY

MAJ. SHERRY

OTAWANGA

PETE

SAM

SILVA

VITTORIO

Hondo,
1953.

```
I T D I N R Y E H S A J Z L K R W X Z M A H
O O B N C A R O F I E G O E I Q S D Y J N C
Q B U W K J N N I L O R N H Y J X Q G D G W
A O G C P D A L D V N Q F A N W F D Q K I S
O R M R O Z V V I A V A K O W N P P E B E Y
H T G L M S Z I Z J Y Y Z K G A Y D G C L N
L K A L R U W I J W O L Y A Q B T L K A O U
M N B U F F A L O B A K E R L Y X O O Q W X
E M A S F M F O I L S D T N Y B T Z E W E Z
M Q R E D F R D I O Q Z Z U N I S O C P E Q
W H Z P Q D E F K I H X W J Z I G U A V E R
T Y H F P E W G M R R B V R W M E P G L Z T
E Q N T J X R Q Y O R Y L P E M O X A F O M
Q U C L J X U K T T F P E Z F N W U M M Q R
E D L O W E I N Y T Q T B Y M C P N H H P H
Y R R E H S J A M I E X U C Y W N P Q G H P
Y W F W F F Z L A V C L V Z I P Z S P S H D
```

FORT APACHE, PT. 1

Find all the underlined words in these memorable quotes.

"THE <u>UNIFORM</u>, <u>GENTLEMEN</u>, IS NOT A <u>SUBJECT</u> FOR <u>INDIVIDUAL</u>, <u>WHIMSICAL</u> <u>EXPRESSION</u>. WE'RE NOT <u>COWBOYS</u> AT THIS <u>POST</u>... OR <u>FREIGHTERS</u> WITH A <u>LOAD</u> OF <u>ALFALFA</u>."

"THAT'S THE <u>IRONIC</u> PART OF IT. WE <u>ALWAYS</u> <u>REMEMBER</u> THE <u>THURSDAYS</u>, BUT THE <u>OTHERS</u> ARE <u>FORGOTTEN</u>."

"<u>TROUBLE</u> YOU FOR YOUR <u>SABER</u>, <u>CAPTAIN</u>."

Fort Apache, 1948.

```
P S D Y U K K F K C Y P D H T C J P S G L R
L M T K P M P K R I O J F R B U I V K A B E
N R V Z I V X O L E N W O R J H I N U V O B
E X P R E S S I O N I U B Z P Y P D O B X M
N U C P M Y V X A X B G Y O R C I G I R T E
B E N G J A B G D L M K H J Y V G E J E I M
P W T P E W Q G E R F H M T I S D N N P E E
P O R T R L P P O D D U Q D E R W T V S U R
I Q S K O A W F B W V Z N X C R R L R T T B
M S F T Y G I E H T C I R F G S S E N S Y Q
G O T N A N R I S U B J E C T E H M A D L Y
K S I R U I M O N I A T P A C T W E L O H U
U B K Z U S J P F F W F C X O J D N F O E Z
L H B D I N Q S M B P E M C R X S O A D F W
U H G C S A B E R M Y E Z O N L K P L M N L
Y L A Z L F A C L D S Z L N P K A N F V L B
D L V Z Z B F Q S Y A D S R U H T Y A Q N Y
```

FORT APACHE, PT. 2

Find all the underlined words in these memorable quotes.

"NO, BY <u>THUNDER</u>, I'VE NOT <u>WOUND</u> UP; NOT BY A <u>JUGFUL</u>! THEY'VE <u>PUSHED</u> ME <u>ASIDE</u>, SENT ME OUT TO THIS <u>TEN-PENNY</u> <u>POST</u>; BUT THEY'LL NOT KEEP ME <u>BURIED</u>."

"THE <u>PAY</u> IS <u>THIRTEEN</u> <u>DOLLARS</u> A MONTH; THEIR <u>DIET</u>: <u>BEANS</u> AND <u>HAY</u>. MAYBE <u>HORSEMEAT</u> BEFORE THIS <u>CAMPAIGN</u> IS OVER. <u>FIGHT</u> OVER <u>CARDS</u> OR <u>ROTGUT</u> <u>WHISKEY</u>, BUT SHARE THE LAST DROP IN THEIR <u>CANTEENS</u>. THE FACES MAY <u>CHANGE</u>... THE NAMES...BUT THEY'RE THERE: THEY'RE THE REGIMENT...THE <u>REGULAR</u> <u>ARMY</u>...NOW AND <u>FIFTY</u> <u>YEARS</u> FROM NOW. THEY'RE BETTER MEN THAN THEY USED TO BE. <u>THURSDAY</u> DID THAT. HE MADE IT A <u>COMMAND</u> TO BE PROUD OF."

```
P X O D D D Z B R H E S G H N N R E X K C W
O S I L E Q Y N N E P N E T G Y D O U Y H A
S E L H S G K R H C D R E S I L A X T I L W
T C S Q H P A O D H G R G J A Y L P S G O O
Y U H N E S R D R A V M S O P R R K H U U O
P P E D I S A S D N N J G Y M Y E W N N E T
G Y O Y E J N X O G T E O A A Y D D N E B C
Q F S M E E Y S L E H S E H C R A L U G E R
I P E N E A D R L I G F T T H U R S D A Y V
T A D T A R R B A Q I C B U R I E D L S N Y
T H N N A E K S R G F I F T Y I Y M R A T C
P A U C A C B N S L J P A Z K J H E I B O I
C X O N N M H S G U H V C M W O Q T S Y J L
X P S P D G M M N F U X C H I I G C H K C J
C J E M C E O O N G Y M N O K Q L R M N X L
F I M W K M R G C U C N X W B O H J R P A B
C V Y Q L X S N K J K E O N Q Z X K O T D I
```

McLINTOCK!

See if you can find all the actors in this Old West take on Shakespeare's *The Taming of the Shrew.*

AISSA WAYNE

BIG JOHN HAMILTON

BOB STEELE

BRUCE CABOT

CAROL DANIELS

CHILL WILLS

CHUCK ROBERSON

DANNY BORZAGE

EDGAR BUCHANAN

EDWARD FAULKNER

GORDON JONES

HANK WORDEN

JACK KRUSCHEN

JERRY VAN DYKE

JOHN WAYNE

LEO GORDON

MARI BLANCHARD

MAUREEN O'HARA

MICHAEL PATE

PATRICK WAYNE

PERRY LOPEZ

ROBERT LOWERY

STEFANIE POWERS

STROTHER MARTIN

YVONNE DE CARLO

McLintock!, 1963.

According to actor Leo Gordon, the famous mudhole brawl took a week to shoot.

```
H E N U L B E S N N E Y H W S O M T N J M R
Z X E P E J N L I O G R G U R L A O E E I E
A V D E O T Y E T T A E O C E R U B H R C N
I S R R G G A I R L Z W R M W A R A C R H K
S L O R O D W N A I R O D A O C E C S Y A L
S L W Y R I K A M M O L O R P E E E U V E U
A I K L D F C D R A B T N I E D N C R A L A
W W N O O P I L E H Y R J B I E O U K N P F
A L A P N D R O H N N E O L N N H R K D A D
Y L H E F C T R T H N B N A A N A B C Y T R
N I O Z M W A A O O A O E N F O R J A K E A
E H F H E O P C R J D R S C E V A T J E T W
X C H A T T Q S T G U J P H T Y O I V A U D
C H S B W T N H S I I H H A S Z K N J W S E
J O H N W A Y N E B B V N R B O U I R V A Y
N O S R E B O R K C U H C D F D Q T G Y I K
E D G A R B U C H A N A N E L E E T S B O B
```

DUKE'S OLD WEST

THE ALAMO, PT. 1

John Wayne's labor of love, *The Alamo* (1960), depicts the
famous battle and the events that led to it.

BAYONET	MEXICO
BRACKETTVILLE	REPUBLIC
CANNON	REVOLUTION
COLONEL	SAN ANTONIO
DALLAS	SANTA ANNA
DAVY CROCKETT	SIEGE
HOUSTON	TENNESSEE
JIM BOWIE	TEXAS
JUAN SEGUIN	WILLIAM BARRET TRAVIS
LAST STAND	

The Alamo, 1960.

```
E L L I V T T E K C A R B R E P U B L I C C
D E C J M W C A O L B J E A K N I M U B O M
A S G Z C C L S P X D H B Y A X O R W L D E
L D Y E T G O E U B Q U U W D T W N O A P R
L E Y J I A L L P N Q D X Q H H A N N Q S Y
A P R O X S Q D Q L U J B D D M E O Q A C M
S Y D Q W D W T Y C U C Z D P L A E Q C C N
W I L L I A M B A R R E T T R A V I S E O J
J I M B O W I E V E S Q Z R M V C G E I U A
T S P W Z P U F F A C R D U R Q F U T A B N
X D E P R E E S S E N N E T S K P U N H A N
Y G S X T T E K C O R C Y V A D L S M O Y A
V S A N A N T O N I O T S J D O E E O U O A
L A S T S T A N D H L E V B V G X M E S N T
S I E W M O W V V F H X R E U I K K F T E N
V O L P G X Y V N F T A R I C K C T L O T A
Q U R X V O Q J N N Y S N O J E D P D N X S
```

★ THE ALAMO, PT. 2

According to *A Line in the Sand: The Alamo in Blood and Memory*, by Randy Roberts and James S. Olson, Duke's daughter Aissa has said *The Alamo* "was the most intensely personal project in [Duke's] career."

ALMARON DICKINSON	**LYNCHBURG FERRY**
ANDREW JACKSON	**MISSION**
AUSTIN	**MOSES ROSE**
DAVID G. BURNET	**RUNAWAY SCRAPE**
GONZALES	**SAM HOUSTON**
GREEN JAMESON	**SKIRMISH**
HENRY SMITH	**SOLDADERAS**
JAMES BUTLER BONHAM	**SUSANNA DICKINSON**
JAMES FANNIN	**WILLIAM WARD**
JOHNNY CASH	

Duke's daughter Aissa played Lisa Angelica Dickinson in *The Alamo*.

The Alamo, 1960.

```
W T N J N O I S S I M L V A Q R Q J H A E W
S U S A N N A D I C K I N S O N A O L J P I
M H O M S N R L L A C L F H P M Y M L H A L
Y R R E F G R U B H C N Y L E J A H N T R L
R O O S N Q S F M O D S Y S N R T O T I C I
H Y H B W O Z A D O K A F I O I S E N M S A
G W M U X H S D R I S A V N W E H O T S Y M
O C D T G W D K R E N E D I M F T V B Y A W
N G C L V I T M C N D I S A D S X S Y R W A
Z D F E O L I F I A C A J R U G S D S N A R
A M X R U S O N V K J N D O O G B V L E N D
L J M B H V G N I H E W H L U S N U S H U P
E Y N O S G M N R E A M E K O D E I R N R G
S N S N K C S U R O A B U R Y S P O T N S C
Q G L H U O A G Z S Y N J R D Z H R C S E V
O S W A N H I S R E D L C T I N S H N M U T
Q T N M J O H N N Y C A S H E V A V U D B A
```

3 GODFATHERS

Try to find all the characters in this westernized
tribute to the biblical Three Wise Men.

DEPUTY

DEPUTY CURLY

JUDGE

LUKE

MISS FLORIE

MRS. PERLEY SWEET

OLIVER LATHAM

PEDRO ROCA FUERTE

PERLEY "BUCK" SWEET

ROBERT MARMADUKE
(SANGSTER HIGHTOWER)

ROBERT WILLIAM
(PEDRO HIGHTOWER)

RUBY LATHAM

WILLIAM KEARNEY

3 Godfathers, 1948.

```
E T P M A H T A L R E V I L O E W Q X T E J
E T E E U Y D B G R M S Z P E I I M B E B L
V G R P A L L F E A D P Z K Q R L Q K E V R
E J L E F R L R H V K T U B O O L R F W R O
R V E D U Y A T U G J D G B Q L I K Q S S V
G B Z V E F A H K C A N E P V F A C W K J P
S G R G H L A H J M Y R P X K S M B C C W C
H W P G Y B C C R G T T Q F E S K W D U O U
L N F B X E G A O W H R U S E I E C V B Q U
L L U X W Z M P I R G T O P Q M A S E Y H M
J R J V V T M L W X O V O W E Q R E Q E C I
M U B A R I L F Q L G R Y C Q D N C X L A R
E F D E R I D E P U T Y D B E I E B O R L D
Z Y B G A A R C P K D F X E G R Y O G E H B
N O N M E D N I T E V O C C P F T V D P P B
R E M O T R G I P R E T F G N A S O G K L B
M R S P E R L E Y S W E E T W O G J H M D Z
```

BATTLE OF LITTLE BIGHORN

In *She Wore a Yellow Ribbon* (1949) Duke plays Capt. Nathan Brittles, a soldier about to face Native Americans who are fresh from victory at the Battle of Little Bighorn.

ARAPAHO

ARIKARA

CAVALRY

CHIEF GALL

CRAZY HORSE

CROW SCOUTS

DAKOTA

GEORGE A. CUSTER

JAMES CALHOUN

LAKOTA

MARCUS RENO

MONTANA (NORTHERN)

CHEYENNE

PAWNEE

PRETTY NOSE

RIVER

SIOUX

SITTING BULL

SUN DANCE

TWO MOON

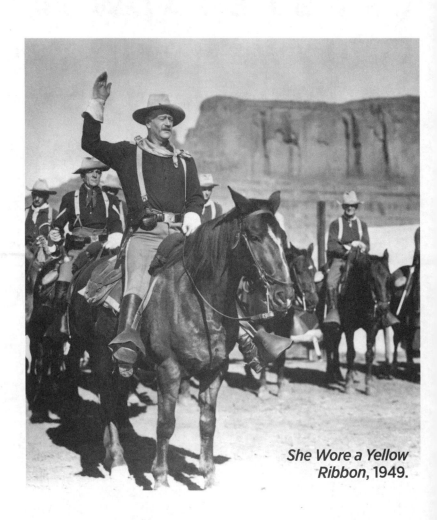

She Wore a Yellow Ribbon, 1949.

```
X O T K P Z C J A P T O V H N E M X N S R D
D O Q H X R P R R I H V Q P L C A F R R B H
F U Q F X U E E O A P R T L T N R O N J F G
A T O K A L T T P W Q P U K A A C M U V N R
C W H V G T S A S D S B N U K D U B O Q U K
G X B W Y M R T X U G C I H W N S E H X W R
M E P N B A U Q R N C E O O U U R B L Q J S
T W O M O O N A I I I T A M U I S E E A M Z V
C S L G Z U R T W Y A A E J T L N E C O U E
E A B A I I T U V C I X T G D S O N S N K Y
R N V A K I M C R A Z Y H O R S E W E T Z B
T X N A S L L A G F E I H C K O T A M A W J
H P R E L U J Z I G X E L T S A E P A N W N
M A E Y Y R A Y A U X T W Y H P D G J A U F
S V U G M E Y W O T K G D N W Z C O A A W U
R I V E R X H I T Q R A G R L L C J W U R W
V A T I P F S C X F E G T B S M X G K Z R G
```

Duke holds actress Margaret Lindsay in *The Spoilers* (1942). The film received an Academy Award nomination for Best Art Direction.

ROOSTER COGBURN, PT. 1

Find all the underlined words in these memorable quotes.

"<u>REUBEN</u>, I HAVE TO SAY IT. <u>LIVIN</u>' WITH YOU HAS BEEN AN <u>ADVENTURE</u> ANY <u>WOMAN</u> WOULD <u>RELISH</u> FOR THE <u>REST</u> O' <u>TIME</u>. I LOOK AT 'CHA, WITH YOUR <u>BURNED</u> OUT <u>FACE</u> AND YOUR <u>BIG</u> <u>BELLY</u> AND YOUR <u>BEAR-LIKE</u> <u>PAWS</u> AND YOUR <u>SHINING</u> <u>EYE</u>, AND I HAVE TO SAY YOU'RE A <u>CREDIT</u> TO THE WHOLE <u>MALE</u> SEX, AND I'M <u>PROUD</u> TO HAVE YA FOR MY <u>FRIEND</u>."

"I DO NOT <u>FEAR</u> A <u>SKUNK</u>. I <u>SIMPLY</u> DO NOT CARE FOR ITS <u>ODOR</u>."

Rooster Cogburn, 1975.

```
E H H A S N G E E M E G C Z X L N D O M R Z
H R W Z A X Y D K R A U Z D V W D M N P U C
X A U M D E S P I V G Z G R Q M C K V Q Q B
I B O T T N Q G L Z X V G W X X U Y Q A T P
M W I M N K G Q R W Q U R E U B E N V G Y O
U X N O S E K G A S J R I C P Y X V N A R C
W M C M J K V G E H H A N Y K B T I V E H U
M T F S N M N D B Y B E R G Y U N F S D X S
Y Z Z K Y I R K A S C Z H U O R C T S L N K
C C G M N L K J C W I T E T D N E I R F I U
X E P I R J P S Z A T M A C H E M G W D V N
P I H Z Z E A M R P C M Z L A D F E R B I K
I S A B E L L Y I R P E M I T F L O W I L V
U A C O L O Y I E S Y R Y N Z A E L D G V X
I K T Z Q D W D S B O A O R M F E A R O T N
N C P R B U I B I H X Y U U U Y D U M A R K
M Y K M Z T P B Q I E S B F D N A C N P A Y
```

ROOSTER COGBURN, PT. 2

Find all the underlined words in these memorable quotes.

"YOU CAN'T <u>LOCK</u> UP A MAN'S <u>WHISKEY</u>!"

"I WAS <u>PROUD</u> TO TELL MY <u>DEPUTY'S</u> <u>WIFE</u> THAT I SHOT HIS <u>KILLERS</u>!"

"<u>MA'AM</u>, I DON'T KNOW MUCH ABOUT <u>THOROUGHBREDS</u>–<u>HORSES</u> OR <u>WOMEN</u>! THEM THAT I DID <u>KNOW</u>, I NEVER LIKED. THEY'RE TOO <u>NERVOUS</u> AND <u>SPOOKY</u>; THEY <u>SCARE</u> ME. BUT YOU'RE ONE <u>HIGH-BRED</u> <u>FILLY</u> THAT DON'T. 'COURSE, I DON'T KNOW WHAT YOU'RE <u>TALKING</u> ABOUT HALF THE TIME!"

"I AIN'T GOT AN <u>OUNCE</u> OF <u>GOODWILL</u> IN ME, AND THAT'S A FACT. I <u>HATE</u> EVERYBODY. I'M A <u>CANTANKEROUS</u> OLD MAN, AND I KNOW IT. I LIKE <u>MYSELF</u> BETTER'N ANYONE I EVER MET."

```
P A N A S F S Y D E P Z T Q I P M R S D E C
J R E B C S X C S G F H A X L A D S U C V A
C Q R Y V G S E A R O I W M W A H T K B F B
K M V X K G B I J R X F W A S L J G S I H L
S R O U E O R W O M E N G A Q A H G H B F L
D R U R H Q O U B Y Q J Z M B V G A D G T I
V E S D F X G P H S U O R E K N A T N A C W
K E R H M H G Y S E S R O H K H A T E I F D
H I I B B W E X W A B C K C O L J V A H I O
R C L R H K O R X F U V I U K W J A F D L O
B J E L S G L Z W L V T N I G U E M U Y L G
G D H I E U I E J E W C N N Z E X O J T Y Y
S P H O N R W H L S E G L T X N R Q E B C E
D W O J D B S R S Y J W Z N V P L P E M B O
D E P U T Y S E D M O K U A G A E G M U S K
G F L K Q W D L L N H X N K V B X Z C L I B
I Y R X F Y X V K Y N D L K N D Q T D U P D
```

CHARACTERS

IN OLD OKLAHOMA

Find all the characters from one of the highest budgeted films of Duke's time with Republic.

BEN

BESSIE BAXTER

CATHERINE (ELIZABETH) ALLEN

CHEROKEE KID

CUDDLES WALKER

DANIEL F. SOMERS

DESPIRIT DEAN

JIM "HUNK" GARDNER

JOE

LITTLE SUN

MASON

MCCANN

MRS. AMES

MRS. PEABODY

RICHARDSON

TEDDY ROOSEVELT

WALTER AMES

WILKINS

In Old Oklahoma, 1943.

The working title for this movie was *War of the Wildcats*.

```
J A H B C A T H E R I N E A L L E N W U J T
N I Y N N E J W R K A Z E L L J N G A V D E
R V M O S M C J J B I G E O K J S F L P Q D
S E S H S R E M O S F L E I N A D D T H J D
L A T M U B E N V B T D U C N O G E E L A Y
M X J X Q N N S R R I H U W A P B R R K H R
R H P H A W K D N K O D Z N E J P Y A G F O
J I W W V B X G E I D X L R D W U T M F K O
A O C U Y O E E A L K I O I T B M G E X O S
Q F E H H Y K I E R T L B K I N X G S R H E
N J D T A O I S S T D R I B R S N F L Q R V
N D L K R R W E L S K N W W I Z G Y I S Z E
A G V E X A D E K G E K E W P S B A Y W N L
C W H Y L O S S O S U B C R S E M A S R M T
C C Z K S U K W O M M R S P E A B O D Y H T
M U E X N J K I X N V C K L D D P V Z M U S
U R T H P H D V F Y T H A H S U S C E C Y Y
```

THE OREGON TRAIL

In 1936's *The Oregon Trail*, Duke plays a man determined to find his missing father.

FORT HALL

IDAHO

INDEPENDENCE ROCK

KANSAS

MERIWETHER LEWIS

MISSOURI TRAIL

NEBRASKA

OREGON CITY

PACIFIC FUR COMPANY

PLATTE RIVER

POTAWATOMI

ROCKY MOUNTAINS

SIOUX

SODA SPRINGS

THE DALLES

THOMAS JEFFERSON

WAGON TRAIN

WILLIAM CLARK

WYOMING

The Oregon Trail, 1936

```
J L Q I Y P Q A B Q W A R M M O T L K C M Y
Y E I I N D O G K A F E D E N R H L Q N S H
C I E A A D N T G S V X R A P E O A M N A A
F R D D R I E O A I A I J H I G M H S O E W
X K C A M T N P R W W R V B Z O A T I K I I
Z C P O H T I E E E A E B V R N S R O R A R
H T Y R R O T R T N N T U E M C J O U A Y E
L W T A P T I H U U D M O Q N I E F X L U C
V T I F A U E E W O R E F M N T F Y B C K G
D N R L T R B U L X S I N B I Y F S F M M U
G N P Z L K N X O J K S X C X T E P T A G I
A C S E L L A D E H T S I U E L R X L I J M
O H W K V J P R R Z H F M M N R S E J L U N
P I S N I A T N U O M Y K C O R O A O L N D
S B N M W S O D A S P R I N G S N C H I Z W
M P A C I F I C F U R C O M P A N Y K W H T
S A T F Y R A Z D K A N S A S U U M J H F X
```

THE UNDEFEATED

Try to find the cast from this 1969 Civil War-era film focusing on Napoleon III's invasion of Mexico.

ANTONIO AGUILAR

BEN JOHNSON

BRUCE CABOT

CARLOS RIVAS

DON COLLIER

DUB TAYLOR

EDWARD FAULKNER

GUY RAYMOND

HARRY CAREY JR.

HENRY BECKMAN

JAN-MICHAEL VINCENT

JOHN AGAR

JOHN WAYNE

LEE MERIWETHER

MARIAN MCCARGO

PAUL FIX

RICHARD MULLIGAN

ROCK HUDSON

ROMAN GABRIEL

ROYAL DANO

VICTOR JUNCO

Duke fell from his horse and fractured three ribs while filming *The Undefeated*.

The Undefeated, 1969.

```
T B L Y R O N A I G C H Z R L N M W I S D T
R N X E R O P E U Q A B A Z O A A N E A D E
L Y E E E B L Y A R X L W C G G R U N V Z T
L E A C A M R Y R Q I B N H Z I I W Y I J T
J T I A N A E Y A U P U K E C L A D A R S C
Z O A R Y I C R G T J F I O B L N O W S C R
K Y H M B A V A I R B K E F X U M N N O M G
C A O N R A O L O W B U D N X M C C H L Y M
J N C E A I G T E T E R D K Y D C O O R P N
D B Y A N G C N R A T T U L R R A L J A A L
N J D O V I A P A J H U H C N A R L X C U Q
R S T W V T Q R G M Y C U E E H G I D J L V
M N B E N J O H N S O N I C R C O E Q Z F J
A N O S D U H K C O R R M M H I A R T G I R
N A M K C E B Y R N E H Q G N R O B T R X J
R O Y A L D A N O H G E H A E A L T O B B B
E D W A R D F A U L K N E R E A J P K T P Q
```

SADDLE UP!

Duke rode horseback in dozens of films, and even cleared a four-rail fence for *True Grit*. Find these horse-related words in the puzzle!

BRIDLE	**MARTINGALE**
CADENCE	**NEAR SIDE**
CANTER	**OFF SIDE**
COLT	**PONY**
DISMOUNT	**REINS**
DRESSAGE	**SADDLE**
EQUESTRIAN	**SPUR**
FILLY	**STALLION**
JODHPUR	**STIRRUPS**
MARE	

True Grit, 1969.

```
H A Y K D F P H I Y Y V C L G U W P M W X V
X J I E R K U Q S R K A K I S G W N A P T O
P S T V E N J W T L O C K T E M A C R T N V
Y Q T D S J A V L D D S A H F I D A T G E B
N N G E S R E T N A C L E G R L S D I J I L
C E O J A I X Q D B L W R T O D Z E N M V P
H V A P G F C D Y I K V S U F K N N G H S P
R Y R R E H I I O F L E H V P I P C A B K O
L R N R S S W N D Y U C S L S H L E L Y V P
V Q I O M I S Z N Q P J F N Q P D L E D I E
O X V O E Y D K E P L R R N T S U O Y F J L
Z F U Q Q R C E S A D D L E R Q R R J Z I E
A N F M S B A K M F V O V Z P M R Y H R M Q
T C X S B N M M E A U A P F K Z M F P B P C
G J A C I T I R Z B R I D L E U L Q D K Q G
B O N Q X D D E Q C K I I J Y E R A E B M L
Q S R R S H E V R U V U B I Y Q A A G S H A
```

'NEATH THE ARIZONA SKIES

See if you can locate all the cast members from one of Duke's early pictures—it's just 52 minutes long!

ALLEN POMEROY

ARTIE ORTEGO

BILLY FRANEY

EARL DWIRE

EDDIE PARKER

FRANK HALL CRANE

GEORGE ("GABBY") HAYES

GEORGE MORRELL

HARRY L. FRASER

HERMAN HACK

JACK ROCKWELL

JAY WILSEY

JOHN WAYNE

PHILIP KIEFFER

SHEILA TERRY

SHIRLEY JEAN RICKERT

TEX PHELPS

YAKIMA CANUTT

'Neath the Arizona Skies, 1934.

```
S I F A P F Y D S Y Y Z N H I G T O L D S X
S H I R L E Y J E A N R I C K E R T L S F G
B I K M A Y I S N X G T B P E O T E E O X C
P I D C X N L E P S T S H K R R F F W H L S
R Y L R A I K Z M U V I U O I G D A K Z W Y
U E I L W H C H N M L M G N W E W M C Z V E
W Z S Y Y E N A A I J E H U D M U R O F Z D
P I A A H F C A P L O Y P D L O R J R Q I D
T J J T R A R K M R L H A M R R B W K C A I
L E V C M F I A G R W C Q F A R N A C B Q E
L X X I R E L E N G E F R D E E W D A H P P
L X K P F X H Y L E D H J A E L S E J V E A
Y A H F H A H R R E Y T Z R N L B K S L B R
Y B E V Y E A Y O R E M O P N E L L A B E K
I R F E R A L G M V A R T I E O R T E G O E
S V S U D O G P C J O H N W A Y N E U B P R
P Q S I T Q T M S T L Y R R E T A L I E H S
```

THE COMANCHEROS, PT. 1

Find all the underlined words in these memorable quotes.

"MIND A <u>SUGGESTION</u> FRIEND? <u>TROUBLE</u> WITH YOU IS YOU DON'T <u>ENJOY</u> THE GAME FOR ITS OWN <u>REWARDS</u>: <u>STIMULATION</u>, <u>RELAXATION</u>, <u>PLEASANT</u> <u>ASSOCIATION</u> AND <u>INTERESTING</u> <u>CONVERSATION</u>.

"YOU SEE THOSE <u>DARK</u> <u>MARKINGS</u>? A <u>CROSS</u> <u>PATCH</u> OVER <u>LIGHT</u>. IT MAKES HIM LOOK LIKE A <u>RATTLER</u>. BUT YOU CAN SEE A <u>THOUSAND</u> LIKE HIM. BUT WHEN YOU SEE YOUR FIRST <u>RATTLESNAKE</u>, YOU'LL KNOW THE <u>DIFFERENCE</u>."

The Comancheros, 1961.

"<u>FORGET</u> IT! HE'S JUST <u>SPITTIN'</u> OUT WORDS TO SEE WHERE THEY <u>SPLATTER</u>."

```
I R R T Q T D G D X N H R S O Z B C K W H V
N D A D N J R N G O H E R G W Q V J O S L J
C O O T P A A O I A L Y X N C K R F P T X O
O E I B T S S T U A J O S I N I T T I P S N
S F T T U L A A X B X J U K D I T B J Z D O
P H B O A I E A E P L N G R A R Y C G H K I
G T H M C S T S B L A E G A R E A S V O F T
U T E O A I R G N Q P H E M K W K H Z F E A
V A S G O E B E G A B N S P L A T T E R W L
N S L N R G J Y V L K M T F E R P U A G I U
A V J Y K O I L T N G E I E H D S T M P W M
E C N E R E F F I D O C O K D S T R S Q G I
P A T C H Y J S J G Z C N I O L S X B F Z T
P O E Z A J U G G T H R V R E A D V V W I S
Z E U E E U T Z R V C T C R Q D L K S B H G
C G I N T E R E S T I N G X Y M X Y M L O P
W P R R M C D P D I F O W S S I E F G Y S M
```

THE COMANCHEROS, PT. 2

Find all the underlined words in these memorable quotes.

"SINCE THERE IS NO <u>RECONCILIATION</u>, WE <u>PROCEED</u>. YOU WILL PLEASE STAND WITH YOUR BACKS TO ONE ANOTHER."

"WHEN I BEGIN TO <u>COUNT</u>, YOU WILL EACH TAKE 10 <u>PACES</u>. YOU WILL TURN AND <u>FIRE</u> ON THE COUNT OF 10. IF EITHER MAN STOPS OR <u>TURNS</u> BEFORE THE COUNT OF 10, IT WILL BE MY <u>DISTASTEFUL</u> <u>DUTY</u> TO SHOOT HIM DOWN. <u>GOOD</u> <u>LUCK</u>."

"THE SON OF <u>JUDGE</u> <u>BOUVIER</u> HAS <u>NEVER</u> BEEN <u>KILLED</u> BEFORE. YES, MOST <u>CERTAINLY</u>, HE WILL HAVE YOU <u>ARRESTED</u> BEFORE <u>NIGHTFALL</u> AND <u>HANGED</u> BEFORE THE <u>WEEK</u> IS OUT. I'M <u>SORRY</u>, IT WILL TAKE THE <u>INCENTIVE</u> OUT OF <u>DUELING</u>."

```
Q R J N P N E A O J D R D T B I R I T Y Y D
S O E G Z E I V I U E J I V J P N Y H G U C
N O I C G L H H D N T X S Z V I B X F T E Z
F P R D O A A F T M S G T C I C P U Y R L O
Z M U R N N D I M Y E S A N E V E R T B Y O
X J S G Y O C J B Z R N S A J Y V A Y H M M
I G E L N S A I C E R R T E K B I E Z L G F
A D K B M M E S L L A U E L V N M B O U P I
L L E F J O C C R I O T F P L I T N U O C R
D U E L I N G E A M A P U Y R X T L B R R E
J X W L N S I N Y P H T L S T O V N E S E R
K L P N S V P U H O R A I W P T C Q E N B Y
I H C K U A I N M A J V R O G J Y E B C B L
L K R O C L P E C D V V I M N B P X E C N P
L F B M G U N J N A V V E F C U N X F D G I
E A Y O W G L A I A V P Z X O M I F Z J H U
D C T L D O O G T D L L A F T H G I N B O R
```

BIG JAKE

See if you can locate all the actors in this 1971 film, including two of Duke's sons, Patrick and Ethan Wayne.

BILL WALKER

BOBBY VINTON

BRUCE CABOT

CHRISTOPHER MITCHUM

DEAN SMITH

DON EPPERSON

ETHAN WAYNE

EVERETT CREACH

GLENN CORBETT

GREGG PALMER

HANK WORDEN

HARRY CAREY JR.

JERRY GATLIN

JIM BURK

JIM DAVIS

JOHN AGAR

JOHN DOUCETTE

JOHN WAYNE

MAUREEN O'HARA

PATRICK WAYNE

RICHARD BOONE

ROBERT WARNER

VIRGINIA CAPERS

Big Jake, 1971.

Big Jake was the last film Duke made with Maureen O'Hara.

```
J E K S Z D H A N K W O R D E N C R M H R G
N O N P I D O S E N Y A W N H O J A A C E R
K Z H O M V E N R X X E D O I E T G U A N E
J K T N O S A A E E O S H S T U T A R E R G
K J D K D B Q D N P P I V K O T Y N E R A G
T I H L L O D E M S P A W M E H T H E C W P
C M B F S U U R M I M E C B P S N O N T T A
I B U F M B K C A R J I R A N N J J O T R L
M U H C T I M R E H P O T S I R H C H E E M
O R H P L D A K M T C T M H O N J J A R B E
Q K Y S U S L Z Z N T I P K Y N I M R E O R
Z W W D D A I F N H F E R Q R C O G A V R P
C Z Q F W Z M E B R U C E C A B O T R E W X
F E C L M S L E N Y A W K C I R T A P I D X
Y U L P R G B O B B Y V I N T O N T N M V D
N I L T A G Y R R E J E N Y A W N A H T E E
B E H A R R Y C A R E Y J R K I M B A R K V
```

26 BAR RANCH

Eager to have plenty of land of his own, John Wayne bought the 50,000-acre 26 Bar Ranch. These rancher expressions are all hidden in the puzzle.

BOSAL

BRAND

BRITCHEN

BUCKAROO

BULL

CHARRO

CHUCKWAGON

CRITTER

DEWLAP

DRIVE

DUDE

HEELER

MAVERICKS

RATAQUE

TAPADEROS

WADDLE

WORKS

WRANGLER

Duke poses next to cattle at 26 Bar Ranch in Arizona

```
G O A R B O C M Z W C C M T P E B S B U H B
H T B T V B H N Z H R A N A V L T C O E Q R
S E T T K T M D A W V A L X U O B H S T Q I
W I E S S X Q R R E G W N C V R I U A B T T
B Z X L W U R R R O E V H G M K S C L F A C
Z E C Z E O J I J D O I F J L I H K A M R H
E Q Y T A R C R E T T I R C F E O W D C X E
A I F J L K S O R E D A P A T O R A M U T N
E F N R S W Y G I X R B H C R C U G E M D Z
L V S R A M G C N Z P U L A R D E O D I P E
Z D I D L Z F T F T Y Q K W S U L N N I K X
N S D R U A N P A J G C Y H Q K U P A J Z E
K L F U D X N Z T U U K B A S N R R R I E P
E I Z O L Q R D K B G N T H V Q U O B Q L S
H D A M W S Z N V F P A K X X C U R W L D Z
K F S X B I H P X Y R G S W P W F I U O O U
Z T M T I I H V T F J U O Y Z N R B Y B F A
```

THE LUCKY TEXAN

Try to find all the cast members from one of the few films where George "Gabby" Hayes appears without his trademark beard.

ARTIE ORTEGA

BARBARA SHELDON

EARL DWIRE

EDDIE PARKER

GEORGE ("GABBY") HAYES

GEORGE MORRELL

GORDON DE MAIN

HAL TALIAFERRO

JACK EVANS

JACK ROCKWELL

JOHN INCE

JOHN WAYNE

JULIE KINGDON

LLOYD WHITLOCK

PHIL DUNHAM

PHILIP KIEFFER

TEX PALMER

TOMMY COATS

WALLY HOWE

YAKIMA CANUTT

The Lucky Texan, 1934.

```
W Z G E W I S G J U A X L L H E C Y L J Y D
N G J R A E A O I R E L W L A W S F U A A L
B I F G B R H A T J O Q M E L O E Y A C K N
R X A R E N L I H Y S A A W T H U Z S K I T
E E Z M W O E D D K H W E K A Y Q N J E M M
O X M A E O R W W N A C L C L L S B L V A Q
C B Y L R D H G U I N U S O I L E W A A C F
R N N T A I N D E I R P J R A A Y V I N A P
E I E J T P L O N M V E I K F W A S M S N D
B G M L X I X H D C O T Y C E B H B T N U Y
A Y O X H Y O E H R F R J A R A E V Q J T M
K C J P B J C S T C O V R J R C G D T P T X
K T O M M Y C O A T S G Q E O A R T T G O X
R E F F E I K P I L I H P F L S O G C E C M
J U L I E K I N G D O N M V Z L E I S K X C
R E K R A P E I D D E C G R A S G J M M A X
B A R B A R A S H E L D O N U V H G S P T X
```

John Wayne on the set of *The Spoilers* (1942). The film was shot in Canada's Yukon Territory.

TALL IN THE SADDLE

Try to find all the actors from
John Wayne's only film with Ella Raines.

AUDREY LONG

BEN JOHNSON

CY KENDALL

DON DOUGLAS

ELISABETH RISDON

ELLA RAINES

EMORY PARNELL

FRANK ORTH

FRANK PUGLIA

GEORGE "GABBY" HAYES

HARRY WOODS

JOHN WAYNE

PAUL FIX

RAYMOND HATTON

ROBERT MCKENZIE

RUSSELL HOPTON

RUSSELL WADE

SAM MCDANIEL

TOM SMITH

VICTOR COX

WARD BOND

WILLIAM DESMOND

Tall in the Saddle, 1944.

This film was based on a novel of the same name by Gordon Ray Young.

```
R L L E N R A P Y R O M E S D N O B D R A W
A S G B I J V G N K E C R E P D R F X T M Y
Y E W P E F X E P L M U N Y P K W A G H F N
M A J I B N W I L J S F L A W S Q J T E O V
O N I H L L J A F S S E X H C H N R T D D I
N S A L M L R O E L I L Z Y S H O R S A O C
D S D P G A I L H N U T T B A K H I L W N T
H Z G O I U L A A N O A S B N B R Q L L D O
A X I N O H P D M M S W P A I H O I A L O R
T I E Y O W C K S D Z O R G T L Y O D E U C
T S G P Q M Y M N O E F N E Z G F K N S G O
O I T U M X I R T A G S B G M T L T E S L X
N O L A S T H Z R P R A M R Y X T V K U A W
N P S O H Z Y U S A S F J O M M Y F Y R S R
E N Y A W N H O J I H X X E N U X T C H J I
F X A U D R E Y L O N G R G U D Q I Q V H H
Z Z I Z R O B E I Z N E K C M T R E B O R Z
```

THE UNDEFEATED, PT. 1

Find all the underlined words in these memorable quotes.

"IT'S <u>OVERDUE</u>. I AIN'T ASKIN' CAUSE I DON'T CARE, BUT IF YOUR NAME'S THOMAS THERE'S A <u>COUPLE</u> OF <u>POPPINJAYS</u> WAITIN' INSIDE TA SEE YA. THEY BEEN HERE FOR TWO DAYS NOW. I GIVE 'EM <u>WATER</u> THE FIRST DAY AND THEY'VE <u>TOOK'N</u> <u>ROOT</u>."

"<u>TROUBLE</u>? WELL, LET'S SEE...WE GOT <u>MAXIMILIAN</u> ON ONE HAND AND <u>JUAREZ</u> ON THE OTHER, AND <u>BANDITS</u> IN <u>BETWEEN</u>. AND ON TOP OF THAT, WE'RE <u>AMERICANS</u> IN <u>MEXICO</u> TAKING A <u>CAVVY</u> OF HORSES TO A VERY <u>UNPOPULAR</u> <u>GOVERNMENT</u>. WHY SHOULD WE EXPECT TROUBLE?"

"IF I CAN FIND THE TIME, I'M GOING TO SIT DOWN AND <u>WRITE</u> THE <u>SOCIAL</u> <u>HISTORY</u> OF <u>BOURBON</u>."

"IS THE <u>FLAP</u> ON YOUR <u>HOLSTER</u> <u>SNAPPED</u> OR <u>UNSNAPPED</u>, MY <u>CONFEDERATE</u> FRIEND?"

```
S W E Y A N R Y T F C S Y A J N I P P O P T
P X R U E E A O R O C I X E M P D A Q C W N
J H E I T L U I N O S L O C O C A V V Y A E
Z V B S T L A F L N T D F V V S N Q T Q Y M
A U L Y G E E I A I Y S X W E V B A L R F N
Y O N Y P D B C C J M Z I N R R C O J O T R
H Q D S E A I N U O A I Z H D E X B N R K E
O P Y R N R Y N O V S C X N U T G J O Z E V
U Y A D E A K N Z I Q S R A E A L U B Z X O
L T I M K O P S N A P P E D M W B A R O U G
E T A F O F F P N E E W T E B L C R U W Z V
S C M T K H P X E O O S S T E K D E O B F T
C F O Z Z Z A I W D T T F D M G R Z B Z F H
D O A U N N M L F C S P M D I S O E W T U M
W L X L P F C L C Q J L Y A Y R O M S X C V
G V V I C L A U N P O P U L A R T T Y L H W
X W J U X P E R Q X X Y Q A O H T F R G G Z
```

THE UNDEFEATED, PT. 2

Find all the underlined words in these memorable quotes.

"THAT MEANS THAT <u>OFFICIALLY</u> WE NO <u>LONGER</u> EXIST AS AN <u>ARMED</u> <u>BODY</u>; YET <u>EVERYWHERE</u> I LOOK HERE TODAY I SEE ARMED MEN, <u>WEARING</u> <u>UNIFORMS</u> AND <u>FLYING</u> THE <u>BATTLE</u> <u>FLAG</u>! GET IT DOWN!"

"THERE'S SOMETHIN' <u>CRAWLIN'</u> IN THESE <u>BEANS</u>!"

"<u>MAJOR</u>, I'VE JUST <u>RECEIVED</u> WORD THAT LEE <u>SURRENDERED</u> TO GRANT THREE DAYS AGO."

"I KNOW, <u>SERGEANT</u>! BUT IF I CAN'T HAVE THE WHOLE <u>DOG</u>, THEN I DON'T WANT THE <u>TAIL</u>!"

"<u>CONVERSATION</u> JUST KINDA <u>DRIED</u> UP."

```
Y V S Y G D M H B E S C E X J V I N N O Q F
V L V E E N I A V F O H R O P P H G B G U T
Y D L M R T I D J N E Q E F E A L O U Q M U
R J R A G G R Y V O T I H Y J W D D Q I K F
E A E E I Q E E L G R E W C K Y Q G O H M O
L K V Y G C R A L F R W Y F I W Z Z T L Z A
T T G E A S I N N A C T R A S Z J C Q O D N
T L B Y A C S F K T N X E Y T S O T U T L S
A M B T O N V Y F L R B V F M U E E P Y E H
B A I I F D C S J O Q M E R E C E I V E D W
R O M S K R E G N O L S O B E A N S G B L E
N E E O A I G A L F H F Z B E Z R X E R Q A
D P K W O E A V E K I O L E E C K O I X M R
D H L H W D M C P N Z G L P Y U U O M Y Y I
H I Z T D I H S U R N N Z I K F C L L W I N
N S D E R E D N E R R U S H A R Y R E V F G
W R M D T K M U J H Z B G R R T Q R C V H T
```

CHARACTERS

RIO LOBO

Search for all the characters in the last film in which
Duke portrayed a soldier.

AMELITA

BART

BIDE

CAPT. PIERRE CORDONA

CHUCK

COL. CORD MCNALLY

DR. JONES

FEENY

HANK

KETCHAM

LT. FORSYTHE

LT. HARRIS

MARÍA CARMEN

PETE

PHILLIPS

RILEY

SGT. TUSCARORA

PHILLIPS

SHASTA DELANEY

SHERIFF CRONIN

SHERIFF HENDRICKS

WHITEY CARTER

Rio Lobo, 1970.

Rio Lobo was the last film Howard Hawks directed.

```
X B R M Y C J N P F N M Y U C H O M T R P S
F I C S S X A Z I E I N I O Z I X B W E V H
P D E D C Z K P M N E L L T F O R S Y T H E
H E B E T E P R T E O C S E N O J R D R I R
I K U A O R A Y F P O R K U A U I K K A P I
L C F X R C P Z L R I K C M Y V N I T C S F
L U H J A T Z H D S O E E F R I L E Y Y E F
I H R I D C R M G N Y L R M F G H G D E T H
P C R U Y X C G D O I J F R A I N W I T A E
S A I Z I N T W L T L D G G E H R D Z I G N
M Y E N A L E D A T S A H S Q C C E T H T D
C U O L X I O D R T H A C N Z T O T H W T R
S W L T W G X A F B N A I Q B Q Q R E S V I
I Y L N L C P V Q K J P R Y B T Q L D K A C
Z Y S Y F J F H U I V K A R X E Y R J O V K
S G T T U S C A R O R A P H I L L I P S N S
G F P B G N C I H A E W P P G S L R H O L A
```

THE GOLD RUSH

In 1960's *North to Alaska*, an unconventional Western set in Alaska, Duke finds himself in the midst of Nome's gold rush.

ARGONAUT	LICENSE
BRET HARTE	MARK TWAIN
CALIFORNIA	MINING
DAME SHIRLEY	MOTHER LODE
DEEP LEADS	PLACER
EUREKA	SAMUEL BRANNAN
FORTY-NINERS	SAN FRANCISCO
GOLDEN STATE	SQUATTER
JAMES W. MARSHALL	STEAM ENGINE
JOHN SUTTER	TECTONIC FORCES

North to Alaska, 1960.

```
F A R E G Q L U S A M U E L B R A N N A N S
O I G S I T I L Q A B O C U U C D G D W E K
R N Q N N P U L W P N X T X R E X A B C G M
T R A E H Y U A D B M F X H E E M W R X V A
Y O G C B A W H N C R W R P E E K O N G X R
N F G I M Z B S H O W L L A S R F A N D C K
I I E L U Y A R R R G E N H N C L I P D W T
N L Q N Q D X A U S A R I P I C N O L I N W
E A R Y I C V M E D Z R A N Q I I D D L K A
R C V O I G K W S K L O O L M C O S R E R I
S P C G N M N S M E F T O Y U P L A C E R N
O X V L Y I H E Y F C Q K X F G S W P O V K
P J E R E M M M M E T A T S N E D L O G B L
V D F U P Q L A T A W R E T T A U Q S D Z S
N E E S C A D J O T E M Q R O H N X D A L W
J O H N S U T T E R B T R A L F C N B L U S
B B H O U G T D I U V B S E T R A H T E R B
```

THE SPOILERS

Try to find all the cast members from this 1942 film, which brings traditional Western themes to a colder frontier: Alaska.

ART MILES

BUD OSBORNE

CHARLES HALTON

CHARLES MCMURPHY

CHESTER CLUTE

DREW DEMOREST

ED BRADY

FORREST TAYLOR

FRANK AUSTIN

GEORGE CLEVELAND

HARRY CAREY

IRVING BACON

JACK NORTON

JOHN WAYNE

MARGARET LINDSAY

MARIETTA CANTY

MARLENE DIETRICH

RANDOLPH SCOTT

RAY BENNETT

RICHARD BARTHELMESS

ROBERT BARRON

RUSSELL SIMPSON

SAMUEL S. HINDS

WILLIAM FARNUM

WILLIE FUNG

The Spoilers, 1942.

```
R I C H A R D B A R T H E L M E S S G N W E
H N K H P R E B E A N L R Z M X C D E O I H
N K O B A D A N U I R O G A C H E N O T L A
L O L S B R Y N T D L T R L E K J I R L L R
G Y R R P A L S D Y O G M S P A M H G A I R
B N A R W M U E A O A S T I C V L S E H A Y
N D U N A A I T S R L E B K L M F L C S M C
Y S H F K B T S E M R P N O Y E W E L E F A
O O Q N E S T T L C C O H Q R V S U E L A R
J Z A R E I L R L L R M Q S J N N M V R R E
Q R I R B I L U E T E R U U C G E A E A N Y
F H R G N O T L O B W S A R L O B S L H U F
Q O E D K E R N I B O S S S P K T E A C M J
F T S E R O M E D W E R D U O H S T N P R D
M A R I E T T A C A N T Y U R X Y E D P W W
Y I R V I N G B A C O N T T E N N E B Y A R
D N A W W H C I R T E I D E N E L R A M F K
```

WESTERNS INSPIRED BY DUKE

Virtually every modern Western owes its existence to John Wayne, the man who defined the genre. Find some of them below.

BLAZING SADDLES

BUTCH CASSIDY (AND THE SUNDANCE KID)

DEAD MAN

DJANGO UNCHAINED

FISTFUL OF DOLLARS

HEAVEN'S GATE

HIGH PLAINS DRIFTER

NO COUNTRY FOR OLD MEN

(PAT GARRETT AND) BILLY THE KID

STAGECOACH

(THE GOOD, THE BAD,) AND THE UGLY

THE GREAT SILENCE

THE MAGNIFICENT SEVEN

TOMBSTONE

TRUE GRIT

UNFORGIVEN

Butch Cassidy and the Sundance Kid, 1969

```
A G Q Y V J Z J T J X Y E V J E Q C X X H E
T C S S R A L L O D F O L U F T S I F R I C
G D P I K D I E T A G S N E V A E H F B G N
V Y Y A N D T H E U G L Y M V X M Z P U H E
N O C O U N T R Y F O R O L D M E N D T P L
V S B B K F A A D F Q Q D Z K O E Q E C L I
D C K S E U D Z G D V G I I C I B O F H A S
T H E M A G N I F I C E N T S E V E N C I T
P L Z Q K Y C F R M N E J N C T S R Y A N A
G Y I G Z H Z L O E I Z E Q A O F Y T S S E
Z E F Q K B I F E R I B X T A M D I T S D R
D E N I A H C N U O G N A J D B D J B I R G
B I L L Y T H E K I D I W S I S C A I D I E
H C A O C E G A T S N J V U E T O U E Y F H
T I R G E U R T H P T A J E D O D I L D T T
I N N X W L K R U J V A Z D N N P T A R E F
B L A Z I N G S A D D L E S J E C Z A U R H
```

RIO GRANDE, PT. 1

Find all the underlined words in these memorable quotes.

"<u>RAMROD</u>, <u>WRECKAGE</u> AND <u>RUIN</u>, STILL THE SAME <u>KIRBY</u> <u>YORK</u>."

"A MAN'S WORD TO ANYTHING, EVEN HIS OWN <u>DESTRUCTION</u>, IS HIS <u>HONOR</u>."

"AT <u>CHAPULTEPEC</u>, MY <u>FATHER</u>, YOUR <u>GRANDFATHER</u>, SHOT FOR <u>COWARDICE</u> THE SON OF A <u>UNITED</u> <u>STATES</u> <u>SENATOR</u>."

"<u>YANKEE</u> <u>JUSTICE</u>! <u>ARRESTING</u> THAT NICE YOUNG MAN AND <u>CHARGING</u> HIM WITH <u>MANSLAUGHTER</u>, WHILE THEY <u>PROMOTE</u> <u>ARSONISTS</u> TO BE SERGEANT <u>MAJORS</u>!"

Rio Grande, 1950.

```
P S B O C I R C G T U P O R Z R E O C N A G
R F X J R K E J E R E W J Z A V U B O V Z N
O J G M K G T S U F A K A M D Z Z I W T A I
M V K O W G H H O S Y N R B C W T E A R F G
O C Q W O D G L A M T O D K Q C O V R U T R
T N A B O O U U O Z D I R F U O F E D M H A
E Q R E H T A F L Q N G C R A T S V I X Q H
D C H A P U L T E P E C T E N T E N C W E C
X E F G R K S M I L G S V A I V H P E E Z H
C S T U Z Z N A M K E U E N E T B E K L S O
Q K I I Y X A J E D S G G G M G P N R T E N
T N J A N E M K B K R O Y S E N A T O R T O
K Z K X K U P X S E K N R C K Y K K G K A R
M A J O R S B I S Q D R N C R J P I C O T S
F H F Y I V S T S I N O S R A W G Z R E S O
H P I K Z U D G D P Z W U G K S H Z T B R M
B Y O F K J G Q W X V N R J Z O I O M I Y W
```

RIO GRANDE, PT. 2

Find all the underlined words in these memorable quotes.

"<u>TORTURE</u>, AT LEAST THAT. THE <u>WAR</u> <u>DEPARTMENT</u> <u>PROMISED</u> ME 180 MEN. THEY SENT ME 18. YOU ARE THE 18... SO EACH OF YOU WILL HAVE TO DO THE WORK OF 10 MEN. IF YOU FAIL, I'LL HAVE YOU <u>SPREAD-EAGLED</u> ON A <u>WAGON</u> <u>WHEEL</u>. IF YOU <u>DESERT</u>, YOU'LL BE FOUND, <u>TRACKED</u> DOWN AND <u>BROKEN</u> INTO BITS. THAT IS ALL."

"I'M GOING TO <u>ISSUE</u> YOU AN <u>ORDER</u> AND GIVE IT TO YOU <u>PERSONALLY</u>. I WANT YOU TO CROSS THE <u>RIO</u> <u>GRANDE</u>, HIT THE <u>APACHE</u> AND <u>BURN</u> HIM OUT. I'M TIRED OF HIT-AND-RUN. I'M SICK OF <u>DIPLOMATIC</u> HIDE-AND-SEEK."

"WE'LL BE ON COLD <u>RATIONS</u> FOR THREE DAYS."

T T W I Z T I D Y P R O M I S E D Z C T O R
Z N O H Z H O T L Y V V L K C I F I L F A U
R U E R E B Q I L O X B K P J J T V Q T L M
N O A M T E Y W A R A W R L T A O M I J V O
T C R K T U L M N Q A O P R M A M O E M H N
J B C R N R R Y O R T Y T O F H N Y D C L I
H G P X J P A E S B F T L X V S F B N O C K
L T E A G O L P R B R P A B N S D O A A I K
J X B Q C O Q C E T I E Z U O V R U R L W R
A U O J R E O Y P D H I D R N B P J G Y U I
W N R D Z F Y O K C N G D N A X A T E J G S
X X E G W R D J A I D E P O Y W Z R C V C S
T R E S E D V P D D Y D K T P V W A G O N U
A X F E K Q A L K J Z E E O J L O C R A J E
Q M W Z F D E L G A E D A E R P S K M S G L
A S N A L I Q F Q Y I P E G T B Q E M L G Z
N R U B Q L D D Q Q M R Q A H Q W D I K I V

FLAME OF BARBARY COAST

Try to find all the characters from this Academy Award-nominated film.

BILL MCGALE

"BYLINE" CONNERS

CALICO JIM

COLLINGSWOOD

CYRUS DANVER

DR. GORMAN

DUKE FERGUS

"FLAXEN" TERRY

HANK

HORSESHOE BROWN

JOE DISKO

JUD MCCONE

MARIE

MARTHA

MOTHER BRONSON

MR. SANTER

RITA DANE

SMOKEY

SMOOTH WYLIE

TITO MORELL

TOM BUCKMAN

WHIT CALVERTY

This film received Academy Award nominations for Best Sound and Best Music Scoring.

Flame of Barbary Coast, 1945

```
F T D H A N K M N B C M X H N Y J L N S Q P
T L W R A P R O I O I G O T T F O P A M X U
H T A M G S F L L J S R Q R H L E Y M O W D
J K N X A O L P O L S N E S Y Q D E K O O O
C D E N E M R C T E E V O J C G I K C T V O
G B T I C N I M S L L R H R H F S O U H N W
P E R G Q L T H A A N A O W B A K M B W L S
R A A C A M O E C N H J H M M R O S M Y B G
M L R C I E M T R M J O B T O G E B O L V N
E M R U B W I Y R R X J C O R T O H T I U I
B F D R S H R M E I Y X U K G A I O T E C L
D K O E W C Y R U S D A N V E R M T Y O S L
O W J X M M S R E N N O C E N I L Y B D M O
N G U Z R S H V S U G R E F E K U D G W P C
A L E J U D M C C O N E N A D A T I R C H P
A Y X N G N Q K P V B C U P B N L B P J V M
T Z B R W U K U H L A M X U T E H Q K P X D
```

CIVIL WAR, PT. 1

1959's *The Horse Soldiers* was based on Grierson's Raid and the Battle of Newton's Station during the Civil War. Seek out these familiar names and terms from the war that pit brother against brother.

ABOLITIONIST

ABRAHAM LINCOLN

BIRTH OF A NATION

CONFEDERACY

EMANCIPATION

FORT SUMTER

GETTYSBURG

INFANTRY

MASSACRE

NORTH

ROBERT E. LEE

ROBERT G. SHAW

SLAVERY

SOUTH

STONEWALL JACKSON

ULYSSES S. GRANT

UNCLE TOM'S CABIN

UNION

VICKSBURG

The Horse Soldiers, 1959.

```
Q R S W J R E T M U S T R O F Z N W A N N Y
D S J T K P P N V Q L Y U P K Z G O B O V R
M A R N O L R I F L M P N O Q I H E R I X T
S Y I G E N C T A N G O T A U S S T A T C N
O T I L R H E B N E E C B N B E H T H A R A
U R R E G U J W T A E U C N R Z S C A P O F
T M O N R F B T A R R L N C O I Q F M I B N
H J Y B Q A Y S S L E G A I N T Y E L C E I
G F N D E S C K K T L S S O O Z X R I N R O
G F N R B R D F O C S J I S Y N L V N A T H
L A F U Y J T M T A I T A R E Z E Y C M E J
C L R K L V S G M O I V N C W S K K O E L G
D G K J Y C O Y S L R O O V K U S D L I E L
N O I T A N A F O H T R I B J S L Y N T E F
Z A Q B Z U J B S L A V E R Y U O E L P H A
K Z I U W I A E T S U W F M E X S N V U V Z
K N D B A G B F D R C O N F E D E R A C Y V
```

CIVIL WAR, PT. 2

How The West Was Won (1962) featured Duke as Gen. William Tecumseh Sherman, commander of the Union armies of the West. See if you can find these Civil War-related terms in the puzzle below.

ANTEBELLUM

BLOCKADE RUNNER

CIVIL RIGHTS

CONSCRIPTION

COPPERHEAD

COTTON

DIXIE

DRED SCOTT

FREEDMAN

INDUSTRIAL

JEFFERSON DAVIS

JIM CROW

JOHN BROWN

NATIONALISM

NAVY

RECONSTRUCTION

RICHMOND

SECESSION

TOTAL WAR

VIRGINIA

How The West Was Won, 1962.

```
B K N U S L D I O D C C V N L U J N S B V R
G L F A H E B I A Y I Z O S A B O A O W C A
C T O B M S C E X V T I Q F I B H V K S O W
B Q O C X D H E I I T T T R V N Y R E N L
K O S Y K R E L S C E W T S T W B W Z A S A
Z T W I E A R E U S O D W D S X R F F M C T
C K Z P P I D R R R I U M E U W O W X E R O
H M P H G N T E C F W O T T D C W R C N I T
P O U H D S C M R M C P N C N O N U B J P D
C E T L N M I H B U V T G C I O L T X R T B
L S M O L J U D D I N B N S D N O M H C I R
E S C S C E J G R V T N X O L P M T F O O X
X E W J N C B G M N D R E D S C O T T M N F
R D N U S T I E J E F F E R S O N D A V I S
M S I L A N O I T A N L R C O T T O N A E T
N L I E I P K D C N K T Y Y A N Z D Y R J Y
W F Y A U A V W U Q A H Z O N J U C C D I G
```

The Big Trail, 1930. Famous for its early use of 70mm film, which provided wide scale, sweeping shots of the film's landscapes, it was also Duke's first starring role.

CASTS

RED RIVER

Find all the cast members from the 1948 film that earned Duke the respect of his longtime director John Ford, who jokingly claimed he "didn't know that big son of a bitch could act!"

CHIEF YOWLACHIE

COLEEN GRAY

DAVISON CLARK

FRANK MEREDITH

GEORGE LLOYD

HAL TALIAFERRO

HANK WORDEN

HARRY CAREY

HARRY CORDING

JACK MONTGOMERY

JOANNE DRU

JOHN IRELAND

JOHN MERTON

JOHN WAYNE

LANE CHANDLER

MICKEY KUHN

MONTGOMERY CLIFT

NOAH BEERY JR.

PAUL FIERRO

PAUL FIX

RAY HYKE

RICHARD FARNSWORTH

WALTER BRENNAN

Red River, 1948.

This film was selected for the Library of Congress's National Film Registry in 1990.

```
H Z R R H S R X U N P G J C O P E M Z N L Y
F T G I R A I J E R E B H J A V F O A M A A
J A I D C F R D Y O D I V U M S S N J I N R
E O J D L H R R R R E E L Q M S N T N C E G
N V H U E O A G Y F E F N A V E H G O K C N
Y L A N W R E R Y C I E X N R L U O R E H E
A P A K M L E O D E O D B B A G K M R Y A E
W O N N L E W M R F F R R H J O N E E K N L
N A O O M L R R K O A E D D A K J R F U D O
H F Y V A Z O T B N T R V I H O V Y A H L C
O D B C L Y S B O L A O N O N I N C I N E Z
J Z H Z K F D F A N U R D S M G H L L J R W
C I G L I U X W H N G Q F A W Y M I A T P M
E Y R E M O G T N O M K C A J O K F T P F H
D A V I S O N C L A R K C N X E R T L R H I
D N A L E R I N H O J B Y V T U C T A B P Z
M H A R R Y C A R E Y R A Y H Y K E H Z U Q
```

★ BIG JAKE, PT. 1

Find all the underlined words in these memorable quotes.

"AND NOW YOU <u>UNDERSTAND</u>. ANYTHING GOES <u>WRONG</u>, ANYTHING AT ALL...YOUR FAULT, MY FAULT, <u>NOBODY'S</u> FAULT...IT WON'T MATTER—I'M GONNA <u>BLOW</u> YOUR <u>HEAD</u> OFF."

"NO SIR; NO SIR I AIN'T. I AIN'T <u>BUTTED</u> INTO SOMEBODY ELSE'S <u>BUSINESS</u> SINCE I WAS <u>SEVENTEEN</u> YEAR OLD, AT WHICH TIME IT <u>ALMOST</u> GOT ME <u>KILLED</u>."

"WELL, IF YOU CAN SHOOT THAT FAR, A <u>QUARTER</u> OF A <u>MILE</u> <u>STRAIGHT</u> ALONG THE <u>EDGE</u> OF MY <u>NOSE</u> IS A <u>MOUNTAIN</u> <u>BUCK</u>. SHOOT IT."

"WHAT DO YOU DO WHEN <u>COCKROACHES</u> GET IN THE <u>WOODWORK</u>, <u>MICHAEL</u>?"

```
S B U S I N E S S O O P M W R D A E H H F L
W E A L M O S T F B D M O M I E H J L Y V E
N U H K I M U M L N U O U E K H T H W I A A
T D C C W B Y W W L D S N B D I D R N H M H
E N X U A S N X S W Z W T E Q R L J A F H C
G A Y I G O Q W O T U H A L V A B L O U X I
D T B U C K R R V F R O I I I L K J E N Q M
E S K C L F K K D N R A N I O P Y I E D B Q
K R N D V Q I G C X H H I W A Z F E Y U R K
U E F V U I T Y M O O M Q G E P T E I Z O P
N D G P F S V M V F C N C W H N R V L M H U
P N J X F D H J T H M T Z C E T W G I S O Y
G U M W E L R O S A Y V Z V D V R S Y N D O
E Q Q T B F G X A E D L E Y L N O P O R V X
G B T P Z G R H S S X S F F L H N L T K X O
V U E V B N V O D S Y D O B O N G S B V I V
B D Q D U D N F W U C X J V L Q Y B J J V G
```

★

BIG JAKE, PT. 2

Find all the underlined words in these memorable quotes.

"THIS IS GOING TO BE A VERY HARSH AND UNPLEASANT BUSINESS."

"I KILLED A MAN FOR NEWSPAPER CLIPPINGS."

"YOU CAN CALL ME FATHER, YOU CAN CALL ME JACOB, YOU CAN CALL ME JAKE. YOU CAN CALL ME A DIRTY SON-OF-A-BITCH, BUT IF YOU EVER CALL ME DADDY AGAIN, I'LL FINISH THIS FIGHT."

"WELL, SON; SINCE YOU DON'T HAVE ANY RESPECT FOR YOUR ELDERS, IT'S TIME SOMEBODY TAUGHT YOU SOME RESPECT FOR YOUR BETTERS!"

Big Jake, 1971.

```
U O B C P V B N G S R N N D X M D F K B D C
V I O M Z H L E O D T Z L R I T Y Z I F U Z
R Z I M I X C Q T O I J H F U W N T D C W Y
X A Q J S O H K P T A R E B S M C N D L O T
R E H T A F J H Q C E Z T S L H Y Z D X F D
X E Y P U Y V V O U F R O Y F A R Y B W G Z
U J Y O K V W B B E T Q S O Q X W X R V D S
I D K V G K R U E M E P C Z D O X U G T G E
N E W S P A P E R T L I F L C E I P N N P H
Y J K M D F V T G R J P L S M T S C I F F T
D D Z R E N V T N A S A E L P N U P H F S U
R Y O D E L L I K R M D H U A G P S D D E P
R M O B T L R E S P E C T D G I R Z A F Z K
J R E H E T H G U A T I N T L A H D D R R B
Y P G I V M L S F R R Y D C H K H Y D O X P
U I B X N M O W V B U S I N E S S X Y H B W
F E Q P K D A S E L D E R S W U B M F Y Z Q
```

CAHILL U.S. MARSHAL

See if you can find all the characters from this 1973 Western, which was originally meant to be titled *Wednesday Morning*.

ALBERT

BEN TILDY

BILLY JOE

BROWNIE

CHARLIE

DANNY

DENVER

DOCTOR JONES

FRASER

HANK

HARD CASE

J.D. CAHILL

JOE MEEHAN

LIGHTFOOT

MACDONALD

MRS. GREEN

OLD MAN

PEE WEE SIMSER

SHERIFF GRADY

STRUTHER

This film was produced by John Wayne's son, Michael.

Cahill U.S. Marshal, 1973.

```
S O U E D Q P X K E X M N P R Q O Y W L J D
W H L J I L H A R D C A S E F I L V V C L O
B Y E D D L A Q F X E W V G X V F L R V O C
S H S R M C R N V L Y N V M O Q Z V L H A T
U T G Z I A A A O P E E W E E S I M S E R O
U K O I Z F N H H D E C S L V G J D L P B R
M C D J N O F H I C C T J K Q E H A W U K J
R T O O F T H G I L R A J Y A N G N U R H O
S L X R S Q W M R U L O M D T J P N R A E N
G E I N W O R B T A E N K L R G M Y N O W E
R F R A S E R H D M D D Y I E S M K J R P S
E W O Z K P E H E O T Y M T B I R Y C U K L
E Y B R U R R E Q L C F Z N L C L M F Q I E
N D B Q B J H A X R J A O E A L H G F L J W
C S C Q H A B J W M C Y O B I Q F R Y T J K
V H J P N T M H P O L I E B K S I U Q B S W
D K B S C G G Q Z Q A Q H X X B C O X M X E A
```

WESTERN CLOTHING

Duke wore the same hat in *McLintock!*, *The Sons of Katie Elder*, *The Comancheros*, *El Dorado* and *The Undefeated*. Try to find all the Western clothing listed below.

BANDANA

BELT BUCKLES

BOLO TIE

BOWLER HAT

CHAPS

CORSET

COWBOY BOOT

DENIM OVERALLS

FRINGE

GINGHAM DRESS

PETTICOAT

PONCHO

PRAIRIE SKIRT

RHINESTONES

SLOUCH HAT

SOMBRERO

SPURS

STETSONS

STOCKINGS

VEST

The Comancheros, 1961.

```
G L M O W W J T S J H N Q Z C N T Y L S C W
V N F N R I V G O D K V A R O O A S P A H C
F R I N G E N E S O S A H Q R U H I A R D L
O R N I Y I R P O V B I U V S J R M Q V T F
G Z R L K P U B P M N Y S R E M E G U O S P
U B F C M R R E M E O T O H T Z L I S W M F
C E O B S K T A S O B Y A B A X W N L K T U
E T K T X T R T I O S I J A W P O G O H N U
S D E N I M O V E R A L L S B O B H U C T H
D F N C R N W N R D I M S A I T C A C E Q T
Y M O R E C S N O S T E T S N B N M H I F Y
T A X S L V H Q H M B P S M O A H D H T P Y
T S E L K C U B T L E B O K D F T R A O M W
W U E N M E Q Y P B M Z Z N I N O E T L S D
H P W V G F E J K M U N A W C R H S W O D C
V X F K I H M J M C S B D B Z H T S P B G V
R R M R O U D B L H M O P D K V O E R J R T
```

CASTS

EL DORADO

See if you can find all the actors from this 1967 Western featuring a theme song composed by legendary bandleader Nelson Riddle.

ADAM ROARKE

ANNE NEWMAN BACAL

ARTHUR HUNNICUTT

CHARLENE HOLT

CHRISTOPHER GEORGE

CHUCK ROBERSON

DIANE STROM

DON COLLIER

ED ASNER

JAMES CAAN

JIM DAVIS

JOHN GABRIEL

JOHN MITCHUM

JOHN WAYNE

JOHNNY CRAWFORD

MARINA GHANE

MICHELE CAREY

OLAF WIEGHORST

PAUL FIX

R.G. ARMSTRONG

ROBERT DONNER

ROBERT MITCHUM

ROBERT ROTHWELL

VICTORIA GEORGE

El Dorado, 1967.

```
E Q R K J A D E X R I Y J M Z T L E T C V T
D G G O C I D J E I E V A F T L L X H J I L
E M R N B A Y I O R F R M U T X A U M O C O
P K C O S E L M A H I L C O Y F C J O H T H
J G R N E L R C U N N I U Y H K A I R N O E
C O E A O G E T A H N G L A R N B M T M R N
N R H C O L R G R N C R A O P B N D S I I E
R C N N E R H E U O Z T B B I U A A E T A L
N O T H W A M H H V T E I R R V M V N C G R
D J C W N A R A L P R H F M J I W I A H E A
N I M E B U Y Z D S O M W T T E E S I U O H
M E Q G H B O N O A I T T E X R N L D M R C
D Q Z T F N W N E R H D S N L F E N F G G J
T S R O H G E I W F A L O I D L N B I H E I
E A R O B E R T D O N N E R R T N Z O Y P R
D R O F W A R C Y N N H O J N H A H Y R D G
G N O R T S M R A G R J A M E S C A A N H T
```

TALL IN THE SADDLE, PT. 1

Find all the underlined words in these memorable quotes.

"I WAS <u>TOLD</u> TO <u>SAY</u> THAT <u>YOUR</u> SADDLE <u>ISN'T</u> <u>READY</u> <u>YET</u>."

"<u>TOUCH</u> <u>THAT</u> <u>GUN</u>, <u>AND</u> I'LL <u>KILL</u> <u>YOU</u>!"

"I <u>LIKE</u> <u>GRUMPY</u> <u>OLD</u> <u>CUSSES</u>. <u>HOPE</u> TO <u>LIVE</u> <u>LONG</u> <u>ENOUGH</u> TO BE <u>ONE</u>."

Tall in the Saddle, 1944.

```
H L L W Q H Z R H C I P L L H Q D X C A P F
T G I N D W G O W U R O I C R Y O L E S M O
Z A U K J M P O J S H D U E O D X Y O V V C
M Y C O E E T L L S T O A U N N X A X Y U F
S B A W N D L O T E T D R L E A W S O G M J
F P N L G E V V D S Y F I D F X D U W R W M
J V R O Q U P B P F A V T N K S E F P F Q K
B F Q N N G N R E J E I E Y F Y F L J W R R
G Q E V X P R X H R X E Y Z M G H T G C P G
O Y Z X T E D U E Z T R C S D C Z M N D P L
U P H F G S Q F M E G C X G E Q L O J K F O
N Y O I W J I E T P B Q Y N B D K Y R V B N
H Z A G H G T S H A Y K O L Z Z X R B R I G
L G A C M M O U S H H Z I L F M J H T X S H
K L G H J P O F L Q G T O L D C P V Y G N A
H O M C W S X K K W D Y L Z L H A Q L N T G
T Z H S A K O P M Y P Y Q H I O N S C K V L
```

TALL IN THE SADDLE, PT. 2

Find all the underlined words in these memorable quotes.

"<u>YES</u>, <u>MA'AM</u>, <u>JUST</u> AS <u>HARD</u> AS I <u>COULD</u>."

"I <u>SAW</u> <u>YOU</u> <u>HIT</u> <u>THAT</u> <u>POOR</u> <u>MAN</u>!"

"I <u>RECKON</u> YOU <u>FORGOT</u> <u>SOMETHING</u>. YOU JUST <u>FIRED</u> ME."

"I'M <u>GONNA</u> <u>GET</u> <u>HIS</u> <u>EARS</u>."

Tall in the Saddle, 1944.

```
X F M J C P O O R S J H V I V Z M J X K P E
L L I O T A D O B R R W T P V B G C O O C S
I S U R T P E H U A C G P N S E P E C V R A
M L O E E C Z X L E F J R T S I F L U R N F
D M G M X D G D Q T E J Y E H B H L A I L G
Z F J Y E R E C K O N O Y F G O N N A Z I W
D P F J H T J U G U U U P O M A A M P T H D
F I O U I K H S T N K I G R V D J J S M P Y
D R A H T C V I B K P F T G A Y U S U O U B
G S U X R B D B N Q Y J O O O S C K I A X S
K Z M X P O O L Y G W Y T T T T V B B K C X
U Q O I L D Q G H D L V Y M A V T H I X Z N
V S P O F I X N X U X O G H W U Y C L Z N W
U H S D X L D L X Y H C T R K U C F L C G X
K A K B X G Q S M K P N Q E T R O R X P R S
W T L M L F F A U D X K V J E V B Q A R P W
U X N P L S N Y X X M A N Q S V G R N Y G P
```

SANTA FE STAMPEDE

Try to find all the characters from *Santa Fe Stampede* (1938), one of eight "Three Mesquiteers" films starring John Wayne.

BEN CAREY

BILLY CARSON

DAVE CARSON

HENRY JONES

JED NEWTON

JOE MOFFIT

JOHN FRANKLIN

JUDGE HIXON

JULIE JANE CARSON

LAWYER HARRIS

LULLABY JOSLIN

MARSHAL JIM WOOD

MAYOR GIL BYRON

NANCY CARSON

SHERIFF TOM

STONY BROOKE

TEX

TIMOTHY

TUCSON SMITH

This film was released just one year before Duke caught his big break in *Stagecoach* (1939).

Santa Fe Stampede, 1938

```
N O T W E N D E J O S L L N H M J Q D U Y W
O Y T K N G Q S W H W A B T R O U J E Y Z A
S Y R I S O E S E B W X I X S O D A Y E J Q
R U N Y F L S R L Y V M R L B D G L U R O O
A L G M O F I R E V S B I Y O F E Q R A H X
C N G L A F O R A N H C U O K I H E N C N R
E Q D S F Y H M O C Y E W I C U I K C N F J
N M I T N A O S E H Y M N D J L X O B E R E
A P O A R C C R T O I C D R W A O O R B A P
J M X R T U D O G J J N N N Y C N R V P N C
E G I G T E M G L I T E X A N J J B C W K R
I S F D G I A A R L L Q I P N G O Y T P L C
L Z Y E T L H H E P L B Z C S L G N W C I Q
U B S Z D S N O S R A C Y L L I B O E N N T
J A Q D R P P C T E V Q I R Y M C T D S G M
G I D A V E C A R S O N A H O S P S O Z Z B
T Z M L U L L A B Y J O S L I N P N K V U A
```

OLD WEST LAWMEN

When he was just 21 years old, aspiring actor John Wayne met 80-year-old Wyatt Earp, an interaction that surely shaped his portrayal of lawmen. How many of these law-bringing legends can you find?

BILL TILGHMAN

DAVE ALLISON

ED DREW

FRANK DALTON

JOHN BARCLAY ARMSTRONG

JOHN HENRY ("DOC") HOLLIDAY

JOHN HICKS ADAMS

JOHN ("LIVER-EATING") JOHNSON

JOHNNY BEHEN

("LONGHAIR") JIM COURTRIGHT

N.K. BOSWELL

PAT GARRETT

PERRY OWENS

ROBERT PINKERTON

SETH BULLOCK

STEVE ("BIG STEVE") LONG

WILLIAM SIDNEY ("CAP") LIGHT

WYATT EARP

Wyatt Earp, 1848-1929.

```
C G L I B W P F J Z I D T U D F E T J N Y F
Q N N K B O S W E L L N Z D H O L M O A A R
S E L V K S N E W O Y R R E P N W C H M D A
T H G I L Y E N D I S M A I L L I W N H I N
E E P R A E T T A Y W F M W C N A P H G L K
V B N O S N H O J N H O J E G J C A I L L D
E Y R O B E R T P I N K E R T O N T C I O A
L N E F S S V A E V C T Q D X C I G K T H L
O N G X M F Z C B C N A X D H E R A S L Y T
N H S E T H B U L L O C K E I Y M R A L R O
G O F P T K O K W Q N Z Z C Z F S R D I N N
X J M B J D A V E A L L I S O N K E A B E X
T H G I R T R U O C M I J L R K N T M A H Z
V I J S P N P W Q E Z D C J U T F T S J N T
J O H N B A R C L A Y A R M S T R O N G H C
X H F H X S A B D Q M W G B N I K C B W O M
B W O H I L H E O D F X K S F R B D A L J L
```

CIRCUS WORLD

See if you can find all the cast members from this 1964 film, which received a Golden Globe for Best Song.

CATHERINE ELLISON

CLAUDIA CARDINALE

FRANCOIS CALEPIDES

GEORGE TYNE

HANS DANTES

JOHN SMITH

JOHN WAYNE

JOSÉ MARÍA CAFFAREL

KATHARYNA

KATHERINE KATH

KAY WALSH

LLOYD NOLAN

MARGARET FULLER

MARGARET MACGRATH

MILES MALLESON

MOUSTACHE

RICHARD CONTE

RITA HAYWORTH

ROBERT CUNNINGHAM

SYDNA SCOTT

VICTOR ISRAEL

WANDA ROTHA

Circus World, 1964.

```
L M S E D I P E L A C S I O C N A R F N N R
H E A W A N D A R O T H A X O E H G T O O O
J T R R V K A Y W A L S H R L T A E T S S B
O E A A G I F L H X V J M A Y D T O O I E E
H H B K F A C Q O Y B V N U C N Z R C L L R
N C J O E F R T A N Z I D T O F Z G S L L T
W A M Z G N A E O N D X J C Q T D E A E A C
A T V M O B I C T R Y Y D O I L U T N E M U
Y S J S M I X R A M I R O V H E J Y D N S N
N U X Y J Y P C E I A S A L T N J N Y I E N
E O F P V I A W Z H R C R H L V S E S R L I
F M W I C I S O C T T A G A T I R M B E I N
J G O O D X Y I D C L A M R E A W S I H M G
N X R U F R R A Y R U J K E A L K F F T H H
Y M A S E T N A D S N A H T S T S L P A H A
Q L R I T A H A Y W O R T H Y O H U D C U M
C R E L L U F T E R A G R A M M J L O S L O
```

Red River, 1948. The film tells the story of the first cattle drive along the Chisholm Trail.

ALLEGHENY UPRISING

Find all the characters from this 1939 Western,
in which Duke plays real-life hero James Smith.

ANDERSON

BRIGGS

CALHOON

CALLENDAR

CAPTAIN SWANSON

DR. STOKE

DUNCAN

GENERAL GAGE

JAILER

JANIE

JIM SMITH

JOHN PENN

MACDOUGALL

M'CAMMON

MCGLASHAN

MORRIS

POOLE

PROFESSOR

Allegheny Uprising, 1939.

This film is the second of three movies Duke made with Claire Trevor.

H X D Q F E K N N M D D L U U Q D M H U N X
T R P J I B N R C O B R M H T H S C P C V S
I C I N C E K G C R S K S N U V L A S I E S
M M A C P S L T I B D R O T S M T M R L M M
S J A N O A W G A N R S E Z O P L M F U J W
M C H C S Y G T N X N H J D Q K U O B C E N
I O U H D S S T C A L H O O N G E N E A S D
J Z A O D O O C W O N P U G D A Q B S L O L
O N O E E B U S R I G H B J S B E O Q L L S
B H M B Z T N G I E X I B P I X J G Q E E Q
F J H P R I E K A W L M E O R G B O L N T G
I H W H A J W F C L M I B K R U Z H Z D K F
P Y X T U U C P M Q L B A M O X R H Z A C C
I F P R O S S E F O R P N J M U O Y H R U W
I A N Z T P F G E N E R A L G A G E W T A Y
C T W H J F P X K R U B D F C N P O O L E R
W O C J Y K Y N A C N U D F O B K R U Q B O

THE SPOILERS, PT. 1

Find all the underlined words in these memorable quotes.

"I <u>IMAGINE</u> THAT <u>DRESS</u> IS <u>SUPPOSED</u> TO HAVE A <u>CHILLING</u> <u>EFFECT</u>. WELL IF IT IS, IT ISN'T <u>WORKING</u>, 'CUZ <u>YOU'D</u> <u>LOOK</u> <u>GOOD</u> TO ME, <u>BABY</u>, IN A <u>BURLAP</u> <u>BAG</u>."

"IT'LL BE SO <u>MUCH</u> <u>EASIER</u> ON THE <u>BOYS</u> IF THE <u>GIRLS</u> <u>HAVE</u> TO TURN IN <u>THEIR</u> <u>GUNS</u>."

The Spoilers, 1942

```
O I V N U B D L J R F W O R K I N G W V G A
A I A K Y E O E Z O I A E F S F M T V C N P
J O O V B E D U S S B E L X N B J T U D I A
M O Q R A N C W C O P X H G U N B A G B L S
L T S S R S J B F N P B B T G J V E V V L D
H H I A S M O C A Y N P M G G U F W G L I U
L E R Q F U T F W M K C U X B B P X M U H O
R M S E F C N T M G P E E S U S S E R D C Y
K D E W F H M Y A Y M N J Q R R A Q H N B B
W R J B F F B I Q E I O I X L K G U H J I Y
D B P G A O E Z Q G V W O Z A A V S L W R K
G G M D Y B N C A G L A S T P X R S B L V G
R T O S I T Y M T Z R V H H R Y G M U T Q F
G P L V R C I A B F Z D M V Q V W U Q J Z J
P V Q O O K Y S A K V P Y G U I H X X E N H
S L R I G X Q F R E B N D D N G A P A I J B
J J D F U U Z P W A H T M G K C M D G O O D
```

THE SPOILERS, PT. 2

Find all the underlined words in these memorable quotes.

"I <u>SUPPOSE</u> I <u>CAN'T</u> <u>GET</u> <u>ALONG</u> <u>WITHOUT</u> <u>YOU</u>."

"<u>SURE</u> YOU <u>CAN</u>, <u>WHICH</u> <u>ALSO</u> <u>GOES</u> <u>FOR</u> <u>ME</u>. WE CAN DO WITH A <u>LOT</u> <u>LESS</u> <u>FOOD</u>, <u>TOO</u>, BUT <u>WE'D</u> GET <u>AWFULLY</u> <u>HUNGRY</u>."

The Spoilers, 1942.

```
D V H J W M Z O H H D W U P O R T S I A W B
J S B A I M S Y U L Z W I T H O U T L Y E S
G H Q P T L N F N X E K Y K B F N O X T D U
A R V Y A J J O G Q J S U L W M N J H U M I
W W W C E F H O R U N D S Y Y G B D O L T R
B P F O R F E D Y Z Z N S H Q I D N V J M G
L F D U G G O E S W D B L R O I I T E B C H
T O H P L O T T J E K W B B Y P O B X F U R
O N A J K L H D E G P Z O Q E L P X F U A D
J D A A M R Y M E N R G O E K J E P A Z I S
U O Y C Q J S T R L I G O M O S R N Z W O D
Q W V A M J K D U O B T O O O Y E B A E E X
P N G L Y V Q B S Q Q D S P Q F R K X C O T
H E H E O B T P U S M E P M A T S Y T Q H B
D P H L Y S T Y C T J U H C I H W N S U L Z
L N T V W Q P D O Y S T S Y T O Q N E G E L
G S S F B I F U H C T S S B K W P V C X G R
```

CASTS

WESTWARD HO

Try to find all the actors in one of Duke's first films with Republic Pictures, 1935's *Westward Ho*.

BOB BURNS

BRADLEY METCALFE

CHARLES BRINLEY

CHUCK BALDRA

DICKIE JONES

EARL DWIRE

EDWARD COXEN

EDWARD HEARN

FRANK MCGLYNN JR.

FRED BURNS

GLENN STRANGE

HANK BELL

HENRY HALL

HERMAN HACK

JACK CURTIS

JACK HENDRICKS

JACK INGRAM

JIM FARLEY

JOHN WAYNE

LLOYD INGRAHAM

MARY MACLAREN

SHEILA BROMLEY

SILVER TIP BAKER

YAKIMA CANUTT

Westward Ho, 1935.

Director Robert Bradbury worked with Duke on more than a dozen Westerns in the 1930s, including this one.

```
Y A K I M A C A N U T T W Y U E H C U Y I S
G B O B B U R N S C W D E J S F E D T S J I
I B G W H Z X Q R V V L T C V L N I K A E L
F R A N K M C G L Y N N J R U A R C C S G V
Y C M A H A R G N I D Y O L L C Y K E I N E
S E I C H R S H R E E Q N L M T H I N T A R
F O L R H F K B A D N E Z A U E A E Y R R T
E R G M H U S C W N R O R Y N M L J A U T I
V H E S O E C A A A K G J D E Y L O W C S P
K Y A D L R R K L H N B R H C E A N N K N B
P N N R B D B C B I N I E O V L M E H C N A
H S A G C U A A K A C A T L U D K S O A E K
V H I O L M R C L K L K M D L A Y L J J L E
C G X H Y S A N S I P D Q R Y R H J B P G R
W E M R N J Y R S K E S R X E B W H F I D B
N R A E H D R A W D E H F A N H G Y G Q H X
J M E A R L D W I R E L S Y E L R A F M I J
```

WESTERN STATES

Many of Duke's best films took place west of the Mississippi.
See if you can find them all.

ARIZONA

CALIFORNIA

COLORADO

IDAHO

KANSAS

MISSOURI

MONTANA

NEBRASKA

NEVADA

NEW MEXICO

NORTH DAKOTA

OKLAHOMA

OREGON

SOUTH DAKOTA

TEXAS

UTAH

WASHINGTON

WYOMING

Fire State Park, Nevada.

```
N L K S A G D M C O A D O W P A P H I O A S
B P H G M B D G O D H T G R H E A Q K I N A
O T S U H O U H L Z D A O J E T Y L V G O X
A K S A R B E N O C X B D K U G A S N A Z E
M G U A Q N A V R P A P N I A H O O A H I T
O R W F L E T D A I O J T E O D I N F X R W
D S S O C A O L D X R S G M W V H S P C A F
C A D B T V K S O V F U A E Q M H T L B A P
S P S N O G A I I N O D O V K Z E T R I X V
Y L C O D E D F O Q N E D S O T K X N O L I
Y S J N U G H V H J J H P A S A S R I P N X
F S H B H Y T W Y O M I N G N I O N N C B I
Z D B F G X U E R P D A E S X F M E J J O Y
A T M K R D O O Z K T O A Q I E R V L D C O
Y Q H I T Z S Z C N E S U L S B E A K D A V
W A S H I N G T O N Z C A G A B B D I N U L
N Z K T I P U M L E P C I H L L D A C S V K
```

BLUE STEEL

Try to find all the cast members from this 1934 Duke favorite,
which was also released under the name *An Innocent Man*.

ART MIX	HERMAN HACK
BARNEY BEASLEY	JACK EVANS
CHRIS ALLEN	JOHN WAYNE
EARL DWIRE	LAFE MCKEE
EDWARD PEIL SR.	LANE CHANDLER
ELEANOR HUNT	RALPH BUCKO
FERN EMMETT	SILVER TIP BAKER
GEORGE CLEVELAND	TEX PHELPS
GEORGE ("GABBY") HAYES	YAKIMA CANUTT
GEORGE NASH	
HANK BELL	

Blue Steel, 1934.

```
I I W T T A X H R Y M T H A I U V T T O G Y
S N A V E K C A J E A A T Q R S U S T U P E
H E R M A N H A C K K K D E V T L K K G N L
Q D D R Q U F L X O I A I Y M I M T C V O S
L A N E C H A N D L E R B M E M A I I C A A
F N H R E W D O F P S V Y P A D E I X G V E
U L S A L Y M K Z K F E D Y I C D N E K Q B
D N A L E V E L C E G R O E G T A O R X L Y
E A N P A G U S V J A E A X S X R N O E K E
E N E H N P L E E W W R N P Z G U E U Y F N
K T G B O X O J D T L N L Y E B V R V T G R
C U R U R G S E G D S E C H A U O G F L T A
M E O C H H P P W E H H A Z R W J Q O M I B
E U E K U X D I Q P S Y I U F I N N F L F S
F C G O N U R Y X N E L L A S I R H C J B B
A C I G T E Q E C S H A N K B E L L O J I X
L X I L V S T O C C K E L P K R S A V J N W
```

A WEALTH OF WAYNE

Can you find all 20 instances of John Wayne's name
hidden in this puzzle?

JOHN WAYNE   **JOHN WAYNE**

JOHN WAYNE   **JOHN WAYNE**

JOHN WAYNE   **JOHN WAYNE**

JOHN WAYNE   **JOHN WAYNE**

JOHN WAYNE

JOHN WAYNE

JOHN WAYNE

JOHN WAYNE

JOHN WAYNE

JOHN WAYNE

JOHN WAYNE

JOHN WAYNE

JOHN WAYNE

JOHN WAYNE

JOHN WAYNE

John Wayne, 1935.

```
W G H I H S H E X P Q J A G Z V B E J Q W F
C C T U X J D E N Y A W N H O J N J O O T H
O Q J K X U O L R Y S X A M O Y O E H W W Y
C E N Y A W N H O J A O G H A H D E N K T E
N J O H N W A Y N E L W N W N M N N W T P N
K C O I U R J W T W Y W N W C J K Y A W J Y
B K O Q G Q O S X M A H A H D W T A Y G O A
Z D V E N V H T P Y O Y S B O B Y W N M H W
Y S C A N Q N G N J N A N G F J X N E E N N
D U C Z A Y W E F E A A V E X I D H I N W H
N J O H N W A Y N E G J H G O S W O V Y A O
X I S N I X Y W K E N Y A W N H O J V A Y J
B M J X M G N V N J O H N W A Y N E S W N R
I D W M Y R E K Z H K M O Y N L W P B N E S
Y Z Q E N Y A W N H O J M X A B N K Y H G H
E A K C K N L M X F Y J E N Y A W N H O J T
G I T G O G Y G Z B K G L G R M P Q J J Z L
```

DUKE'S OLD WEST

TWO DOZEN DUKES

Try to find all 24 occurrences of "Duke" in this puzzle.

DUKE   **DUKE**

DUKE   **DUKE**

DUKE   **DUKE**

DUKE   **DUKE**

DUKE   **DUKE**

DUKE   **DUKE**

DUKE   **DUKE**

DUKE

DUKE

DUKE

DUKE

The Man Who Shot Liberty Valance, 1962.

DUKE

DUKE

DUKE

```
K Z N Z E M A Q R W Z W D W N Q D U K E D G
H B I K D L E D D J E H U I G R C W S T Y V
K B U C J N C F U U D D K L D D E K U D Q R
D D U O J E E O A K K X E C U U P W X T W L
G I A L V K E U S C E E B K B H K W E E D M
T E K U D U L N K D D R E F J D A E K V U D
H F K C R D U V T D Y R E F W W X U A N K B
D B H E V C V V J G Q D U K E P D Z H S E U
E C C J M L E K U D D M W F U O F R F D R G
F P D B O E J A S G T O H E E D D F K E H W
E G U P L G K D B M I D U K E H E D F G P B
Z J K G H W U U M X H F N U V T U L H G O C
H O E D G K K T D W B D L D U K V R O L Z T
U J J P E J E E W M S P M G E U C Y H U Z D
I W I K X M V E T L U H Y Q G X F V U B U U
A L S M S F B U C I E K U D A G E Z T K H M
C B E H M O W X X V R Y R Y E G R M E B O H
```

THE OREGON TRAIL

See if you can find all the cast members from *The Oregon Trail* (1936), a film that now only exists in the form of still photos.

ANN RUTHERFORD

BEN HENDRICKS JR.

DAVE O'BRIEN

E.H. CALVERT

EDWARD LESAINT

FERN EMMETT

FRANCES GRANT

FRANK RICE

GINO CORRADO

HARRY HARVEY

JACK RUTHERFORD

JAMES SHERIDAN

JOHN WAYNE

JOSEPH W. GIRARD

MARIAN FERRELL

OCTAVIO GIRAUD

ROLAND RAY

YAKIMA CANUTT

Duke also starred alongside Ann Rutherford in *The Lawless Nineties* (1936).

The Oregon Trail, 1936.

```
D W A N P I H E R Q E Y T F S Z W L W A P J
R D F U R N Z A K J A C E O A E U Q T F L O
O A S B W G J F R R S R I V T A R T F I E S
F V I Z Y L K A D R N K D R Y Y U K Y Y N E
R E C N E C P N M E Y R C J K N X H D M Y P
E O T W I O A R M E O H E I A N Q B A H A H
H B N G Z L U M H F S D A C R V A R U Q W W
T R A B O N E V R P H S A R W D I R W O N G
U I R R Q T J E A H X M H I V A N Z F G H I
R E G W T K H G F C I L W E N E F E Q L O R
K N S M S T F U N K W I U F R M Y H H I J A
C M E X U E D W A R D L E S A I N T W N L R
A P C R A Y U Y Y I T R W Q P W D U G Z E D
J J N G I N O C O R R A D O O M T A S O J B
A N A G U G R T R E V L A C H E I M N U R Y
A B R W E H Q L L D U A R I G O I V A T C O
O C F O Z K N L W N S D M Q T D H Z R Y Q V
```

RED RIVER, PT. 1

Find all the underlined words in these memorable quotes.

"NEVER LIKED <u>SEEING</u> STRANGERS. MAYBE IT'S BECAUSE NO <u>STRANGER</u> <u>EVER</u> <u>GOOD-NEWSED</u> ME."

"<u>CHERRY</u> WAS RIGHT. YOU'RE <u>SOFT</u>, YOU SHOULD HAVE LET 'EM KILL ME, 'CAUSE I'M <u>GONNA</u> <u>KILL</u> YOU. I'LL <u>CATCH</u> UP WITH YA. I DON'T KNOW WHEN, BUT I'LL CATCH UP. EVERY TIME YOU TURN AROUND, <u>EXPECT</u> TO SEE ME, 'CAUSE ONE TIME YOU'LL TURN AROUND, AND I'LL BE THERE. I'M GONNA KILL YA, <u>MATT</u>."

"BET I ATE <u>TEN</u> <u>POUNDS</u> IN THE LAST <u>SIXTEEN</u> DAYS. BEFORE THIS <u>SHENANIGAN</u> IS OVER, I'LL PROBABLY <u>EAT</u> ENOUGH LAND TO <u>INCORPORATE</u> ME IN THE <u>UNION</u>. THE STATE OF <u>GROOT</u>."

```
N C B L K G N N U F D O Y C R C T P U S A R
F O N O J K M J F E G R O M G P O J H R N V
T S I L L I J P S Q W X E L F U D E C C N W
Q P X N O D Q W E V E R A P N I N L C G O F
G B Q R U G E Y K K I A T D N A J E H U G O
G H I K U N Z S A M H Y S C N F L W U E T L
S D T B D X N A P U U T O I T C E P X E F T
D H R O Y Z Z K O C B R G A P M G G O U O S
I Q O S I X T E E N P A Z F V N N R H K S Y
X G C A T C H I D O N M H P I D I O X L R E
V J S O E X Q M R P I M R E N P E O P R T T
U R N X L R K A R E G N A R T S E T E A Z T
L C E F X E T Q N Z G L Z M I T S H Z F J A
O B S Y L E S E F H E N V N P D C L N K Q M
S V F Z J X T E B S L I Q H F S P B Y M T Q
O D L P P J V N Y V Y Y Y V H N K W B U G S P
J G P K V R L E C R K I L L U Z E U E F S X
```

RED RIVER, PT. 2

Find all the underlined words in these memorable quotes.

"<u>GOOD</u> <u>BEEF</u> FOR <u>HUNGRY</u> <u>PEOPLE</u>."

"GET A <u>SHOVEL</u> AND MY <u>BIBLE</u>. I'LL <u>READ</u> OVER HIM."

"I DON'T LIKE <u>QUITTERS</u>, <u>ESPECIALLY</u> <u>WHEN</u> THEY'RE NOT GOOD <u>ENOUGH</u> TO <u>FINISH</u> <u>WHAT</u> <u>THEY</u> <u>START</u>."

"WHEN WE GET BACK TO THE <u>RANCH</u>, I WANT YOU TO <u>CHANGE</u> THE <u>BRAND</u>. IT'LL BE LIKE THIS: THE <u>RED</u> <u>RIVER</u> D, AND WE'LL ADD AN M TO IT. YOU DON'T MIND THAT, DO YOU?"

Red River, 1948.

```
B B D Q W Q R W R T Z H O X D S C Y H I F Z
X R D M O U J I N A G G W W Z E L G S V O N
A S A J A I Y Q V U N T Q F B L R D I O G Q
D L U N M T I R O E T C B O A C C D N B N E
E A O R D T G N P Y R S H I C H R V I B B T
T Y E Y A E E N R B P A C R C H A T F X C N
V H Y R X R E G O M Y E S O V E L R B Q R F
U Z E L B S N L I Q P B V N W H M A Q P Y E
B M H Y J U T U P S S P W N M J H T B M U G
F B M W H V W K E O N R D Y L W X S Z N L N
Y R F E F K H W Q H E F O B W F A E F K V A
S F Z V L A N H K F Q P O K F B Q T I L P H
U P Y R H B K A V E I S G E K Y B W M J V C
Q E U N X P I T Y E A W S I K Q C V I Z Y Y
H L Z C K Q A B J B T J H N X B Q I W N Z R
Z W Z M C Z H W N J L V R E B J K B T Y W M
S H O V E L U R U B U L T L N B S F I Q L B
```

NORTH TO ALASKA

See if you can find all the characters in this 1960 Western set during the Nome gold rush.

ANGUS

ARNIE

BILLY PRATT

BREEZY

DUGGAN

EVERETT BISHOP

FRANKIE CANON

GEORGE PRATT

JENNY LAMONT

LARS NORDQUIST

LENA NORDQUIST

LOGGER JUDGE

MACK

MICHELLE BONET

OLAF

PETER BOGGS

QUEEN LIL

SAM MCCORD

North to Alaska, 1960.

Production on this film was postponed while Duke worked on *The Alamo* (1960).

```
H R T I X S A L G T V F O P T W K K I M Q Y
F K G N K G I X T P R R O I G R A T V I U E
Q I L G O J M A W A V H N A G G U D F C E G
K X O E K M R S N R S S I Z L B S T T H E D
S R J C N P A K O I E C N J F R S D J E N U
D A A T Y A I L B T E X G J Q B S R V L L J
I M M L Q E N T Y P E T E R B O G G S L I R
U V L M C N T O M N O L A F B W C V I E L E
S I W A C E L A R S N O R D Q U I S T B E G
B V N K R C G S G D H E U J K H M H R O I G
Z O U E I S O X U Y Q N J N J W D E X N N O
N F V U C B P R D G P U A S H H E Z U E R L
A E D L S V I C D G N B I N K Z D I E T A D
T T A R P E G R O E G A Z S Y N J K V P U O
K Y U V F X X U O M Q I T L T I W W N I M J
X M X K E Z D Z Z A R P S H X C S E W Q E S
W F C H W Y S D U H S L D S H I W J Z S R K
```

Big Jake, 1971.
The film's
working title was
*The Million Dollar
Kidnapping*.

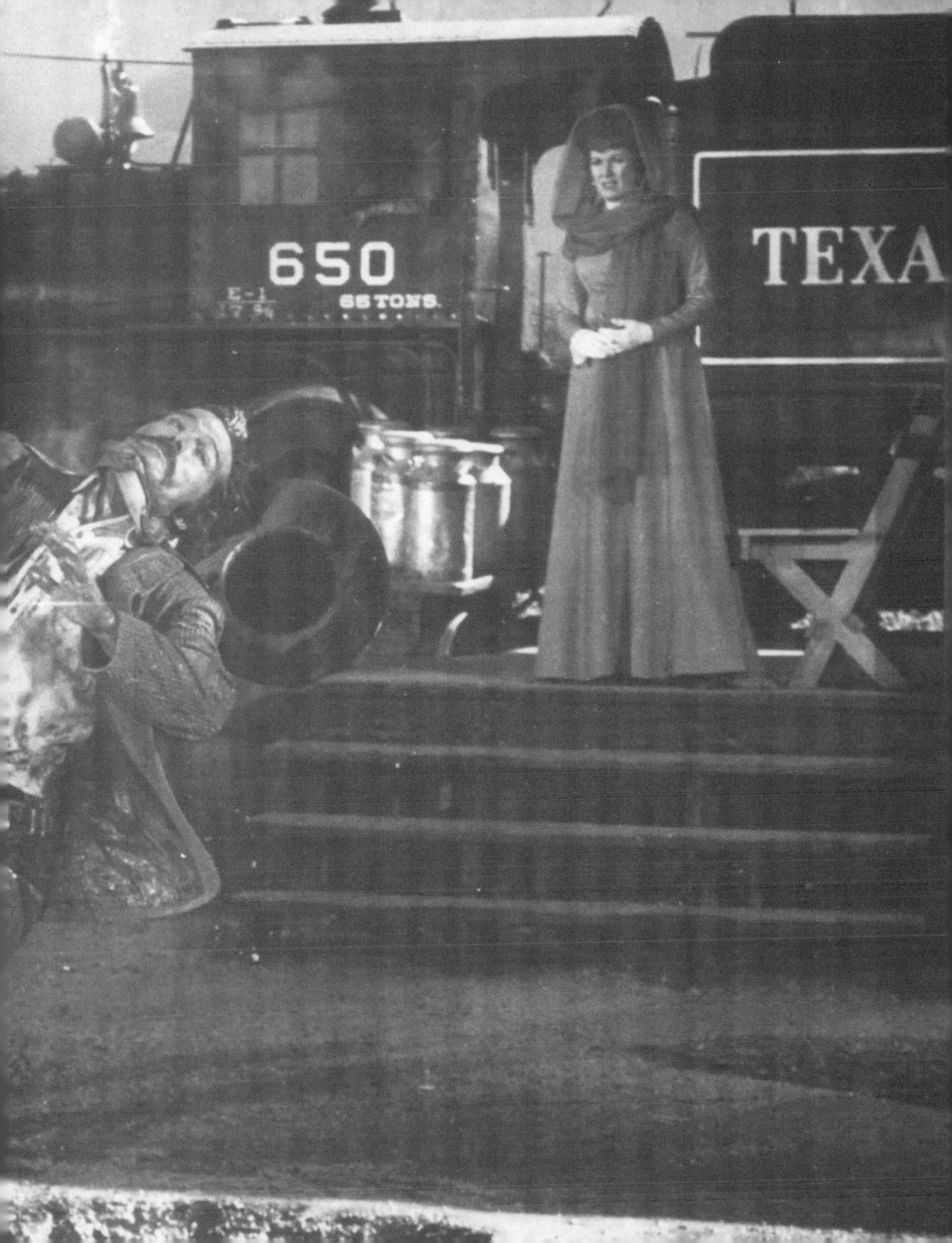
650
65 TONS.
TEXA

CASTS

★
RIO GRANDE

Try to find all the actors from this 1950 Western, which featured a folk music-inspired score by the Sons of the Pioneers.

ALBERTO MORIN

BEN JOHNSON

CHILL WILLS

CLAUDE JARMAN JR.

CLIFF LYONS

GRANT WITHERS

HARRY CAREY JR.

HUGH FARR

J. CARROL NAISH

JACK PENNICK

JOHN WAYNE

KARL FARR

KAROLYN GRIMES

KEN CURTIS

LEE MORGAN

MAUREEN O'HARA

PATRICK WAYNE

PETER ORTIZ

SHUG FISHER

STAN JONES

STEVE PENDLETON

TOMMY DOSS

VICTOR MCLAGLEN

Rio Grande, 1950.

```
E N Y A W K C I R T A P Y K Y A C T C S K J
H T R K K S I T R U C N E K L L R B Z R X C
S A G N J C E P H N I L N M A C I C F E N A
H Y R V E V I Z E R P D J U C F W R S H O R
U N M R M L Q N O T E L D N E P E V E T S R
G X A L Y N G M N S E E Z M U J E S M I N O
F K C G N C O A L E J R A W O U S E I W H L
I O A A R T A L L A P U O H A O T N R T O N
S B H R R O I R R C R K N R D Y B O G N J A
H C V E L W M M E E M W C Y T V P J N A N I
E H B J L F A E E Y A R M A K I I N Y R E S
R L H L M N A N E Y J M O X J M Z A L G B H
A C I K J E O R N L O R E T S Z H T O F H J
C H E R T H I E R T Q S U G C X A S R X G X
C C Q J A C L I F F L Y O N S I A X A C U R
F Q Y R R A F H G U H R E B A B V A K G R Q
T R A N E W I K H E R S Z G A V D F L A J H
```

★ EL DORADO, PT. 1

Find all the underlined words in these memorable quotes.

"OH, I'VE GOT A FINE BED OVER AT MY PLACE. IT'S, UH, <u>NARROW</u> AND IT'S HARD AND IT'S <u>UNCOMFORTABLE</u>, BUT, UH, HE WON'T GET <u>BOUNCED</u> <u>AROUND</u>."

"THEY'VE BEEN <u>LAUGHING</u> AT YOU... FOR A COUPLE OF <u>MONTHS</u>. YOU JUST HAVEN'T BEEN <u>SOBER</u> ENOUGH TO HEAR IT."

"WELL, THERE I WAS <u>STRANDED</u>. A <u>GAMBLER'S</u> <u>WIDOW</u>, NOT A <u>CHIP</u> TO MY NAME. <u>COLE</u> WAS <u>AWFUL</u> GOOD TO ME. GAVE ME A <u>STAKE</u>. <u>HELPED</u> ME GET ON MY <u>FEET</u>."

"<u>FAITH</u> CAN MOVE <u>MOUNTAINS</u>, MILT. BUT IT CAN'T BEAT A <u>FASTER</u> <u>DRAW</u>. THERE'S ONLY THREE MEN I KNOW WITH HIS KIND OF <u>SPEED</u>."

```
U B R U X V B R J L B O D H X Q V M G M Q V
T I M M S D L W V Z L O L R T H T N A J L D
N W Q D R A W U A T E Z U P V M N Q M Y Q E
R M X V G T M H S B Q Q P N V C E H B F E D
S P N P N G W Z J A X E E M C W E Q L Z B N
M W U N C O M F O R T A B L E E A D E E N A
W O I G C C L Q M O N T H S S D D E R W W R
U O U D D S H H E L P E D L W W S E S T L T
N X R N O E L V F V A H Z U K M M P N E E S
R O O R T W T W K E N T Q F G F Y S A C O E
Q L T J A A Y E F U M I C W M Z F J O R Y F
Z Y W P R N I D E K T A C A F E F L M T B S
L A I E I T N N H F J F C L I A E Y Q G T B
L H B A P U U O S H J F E T F B S U C A B C
C O B G O V F U X L A U G H I N G T K K D D
S W B R T S B W N O P J B V Y U K E E B T G
X L A K C U M K A X A J Q Q F X D D Z R F P
```

EL DORADO, PT. 2

Find all the underlined words in these memorable quotes.

"YEAH, WELL NOT WITH A <u>HOLE</u> IN MY LEG, AND A <u>BUNCH</u> OF <u>UNFRIENDLY</u> PEOPLE HANGING AROUND <u>OUTSIDE</u> JUST WAITING FOR <u>SOMEBODY</u> TO...YOU KNOW THESE <u>WOUNDS</u> WERE MADE BY <u>BUCKSHOT</u> DON'T YOU?"

"A MAN CAN'T SHOOT GOOD WHEN HIS <u>HORSE</u> IS <u>JUMPING</u>. IT'S THE SAME <u>DRUNKEN</u> <u>SHERIFF</u>, THE SAME <u>HAT</u>, THE SAME <u>OUTFIT</u>."

"I'M <u>PAID</u> TO <u>RISK</u> MY <u>NECK</u>. I'LL <u>DECIDE</u> WHERE AND WHEN I'LL DO IT."

"I JUST GOT AWAY WITH IT BECAUSE I HAD A <u>HANGOVER</u>. I WAS TOO MAD TO BE <u>SCARED</u> AND TOO SICK TO <u>WORRY</u> ABOUT IT. YOU KNOW THAT."

```
I I Q D A W J W B U J K H E Z T U T Y Y U Y
C I Z R N U N O L O L B D W I B S S I Q N R
H M Z C M V T U G M K I Y Y T Z L W Z N F R
O N Z P X D S N K U C B K N T I F T U O R O
L Q I P T P Z D D E U K S I R N E C K N I W
E N P M O B B S D N V C R G G W M Q W E E C
G R M E H P Z M C Y H N A L A L X W R K N Z
C F A D S L V H P A M L W M B A O N X N D C
V N Q D K F V Y N G K Z P G X J D Z X U L S
E B M I C X F G E V W U U U B D I S G R Y B
E D I A U X O I W S X H Y F O J W I Z D B X
Y F I P B V M Q R X R Y D O B E M O S T Z J
T V U S E J X C W E S O G Z S B U C R L A A
F U T R T H D B E T H X H R C A E T F X E H
F T L H A U F C P H Y S S C A R E D L E F N
S S X V Y R O J V F H A E G G K N Y E Y R R
P A H I K R Q Y Z W P M B Q G U T E E V O C
```

HAUNTED GOLD

See if you can find all the cast members from *Haunted Gold* (1932),
a remake of 1928's *The Phantom City*.

BEN CORBETT

BLACKJACK WARD

BLUE WASHINGTON

BOB BURNS

BUD OSBORNE

CHARLES LE MOYNE

EDWARD BURNS

ERVILLE ALDERSON

HARRY WOODS

JIM COREY

JOHN T. PRINCE

JOHN WAYNE

KEN MAYNARD

MARTHA MATTOX

OTTO HOFFMAN

SHEILA TERRY

SLIM WHITAKER

TOM BAY

This film features the Maltese Falcon statue from the 1931 Warner Bros. film of the same name.

Haunted Gold, 1932.

```
V N R C E V O B Y V A N T S C B E C S B I V
L O E D R R M T B Y M Q N I E K H P H L V G
X H K F S R V X T A D R S N D A K V E U B C
F O A J X D U I H O U Q C T R B H R I E A H
S Z T I I W O T L B H O C L A Q H Q L W A M
E X I T X M Y O D L R O E T N S E I A A H J
S N H J A D C R W B E S F E Y K N O T S M X
W H W D P M A O E Y L A N F A X Z Y E H Z U
L L M B A W A T R E R Y L O M D F B R I B S
D L I W D T T H M E A R C D N A V G R N T H
N M L E Q F S O T W Y P A K E K N X Y G O O
C H S M H U Y V N R M R Q H K R L L T T M X
K I C C K N W H D G A K A P O R S S C O B L
E A E O E B O E O C O M I L S B C O K N A C
K V E H N J O H N T P R I N C E P Y N C Y D
X T Q Z D R A W K C A J K C A L B K H E C W
E N R O B S O D U B O B B U R N S S O H O Z
```

CHUCK WAGON

After a long day out on the trail or serving justice, Duke's characters could often be seen chowing down on some Old West vittles.

BEANS	POTATO BREAD
BUFFALO STEW	PUDDING
CHILI	RAILROAD CAKE
COFFEE	RICE
CORN BREAD	SARSAPARILLA
GRAVY	SODA BISCUIT
JERKY	SPOTTED PUP
JOHNNYCAKE	SUCCOTASH
ONE SHOT POT	SWEET POTATO
PASTIES	

Born to the West, 1937.

```
J J V F H S C N S C B R G I F D R F L P B S
C T U C V A A S N E O E O F W K Q C O U U G
I W U F M H T R Q J I N V L F M U T S P F M
O J M Q T B V I S T S T P N Z B A T U D F K
B N K V F I L L O A M H S M Y T F O C E A P
S Q I K Q J A P C M P T L A O K G F C T L E
E Q I T B L T Y B T U A I B P Z R C O T O O
R A I L R O A D C A K E R U S B A K T O S E
E C J O H N N Y C A K E C I C L V L A P T E
W J O S Q I Y M G Y A A H U L S Y R S S E F
A J E R L M E T R D R J U O Z L I U H N W F
M N E I N C A I G N I D D U P L A B E R J O
O H H R D B C S T A L Q L E B Y Q T A E G C
V C D M K E R E B E A N S I A I T E Q D F E
Y O D L C Y B E O W G Z A K F M Q P T W O T
N I F R K F E P A F S S B U I X I K J K F S
B W Y X K U G T S D O T A T O P T E E W S P
```

RIDE HIM, COWBOY

Try to find all the actors in this 1932
remake of *The Unknown Cavalier* from 1926.

ADABELLE DRIVER

BEN CORBETT

BOB BURNS

BUD MCCLURE

CHUCK BALDRA

EDMUND COBB

EDWARD BURNS

FRANK ELLIS

FRANK FANNING

FRANK HAGNEY

FRED BURNS

HARRY GRIBBON

HELEN DICKSON

HENRY B. WALTHALL

JACK KIRK

JIM COREY

JOHN WAYNE

LAFE MCKEE

MURDOCK MACQUARRIE

OTIS HARLAN

RUTH HALL

TINY JONES

WILLIAM GILLIS

Ride Him, Cowboy, 1932.

```
F E S I F K H L H E N R Y B W A L T H A L L
R D I I R T T O T I S H A R L A N U I L A R
A M L K T C C I X R A D Q G O B Q D A N E O
N U L E W M V X O R E I W Q O R T F J V N N
K N E A Z I P I R A J I M C O R E Y I Y P G
F D K S R A L Y F U F O R P D M S R Q T T Y
A C N N Q D G L X Q N O S K C I D N E L E H
N O A R D R L E I C F B B K C E P K B N S J
N B R U I U W A H A J R E U L Y R S G I N O
I B F B K T L W B M M E E L D I M A Q Y R H
N B B D A H V N F K F G E D K M H L B Q U N
G O X R W H S C P C C B I K B K C X K T B W
N O L A W A P R I O A U C L N U Q C Z S B A
V O K W Z L R K S D V A H A L F R T L F O Y
Z Z B D N L N E A R J F R C E I P N Z U B N
Z V D E F A N T M U B F H F E C S Z S T R E
S E N O J Y N I T M B E N C O R B E T T A E
```

WOMEN OF THE WEST

Though the Old West was a man's world, there were quite a few women who made sure to leave their mark.

ABIGAIL SCOTT DUNIWAY

ANNIE OAKLEY

BELLE STARR

BIG NOSE KATE

CALAMITY JANE

CATTLE KATE

CHARLEY PARKHURST

DORA HAND

ETTA PLACE

HELEN HUNT JACKSON

KATE ROCKWELL

LAURA BULLION

LAURA INGALLS WILDER

LILLIAN SMITH

MARY JANE COLTER

PEARL DE VERE

PEARL HART

POKER ALICE

WILLA CATHER

Annie Oakley
1860–1926

```
R R A T S E L L E B Y Q S M S B D C L P R J
R E D L I W S L L A G N I A R U A L L O L H
C H A R L E Y P A R K H U R S T N P N O E M
Y A W I N U D T T O C S L I A G I B A L E A
E T A K E S O N G I B N P F E M Z U E N H R
E P D B A U O G V C O O O T A W O N A W T Y
T E N M Z W U K S I K S T N R T H J Y I I J
A A A A E O T E L E F A N Y F U Y Z R L M A
K R H K T V M L R K P I R T N T C P B L S N
E L A X P B U A J L E E P T I U Z V E A N E
L H R Y Y B L O A O M H J M G L K Z B C A C
T A O D A I M C A U V A A Z C T S E L A I O
T R D R C Z E K W G C L D T X M P Y L T L L
A T U E R G L G K K A I L N Q U P P E H L T
C A U K Z E Y J S C Y P S V V N N V W E I E
L N Q V Y D G O P E A R L D E V E R E R L R
P W R A S N N P R K A T E R O C K W E L L R
```

IN OLD CALIFORNIA

See if you can find all the cast members from 1942's *In Old California*, a remake of the silent film from 1910.

ALBERT DEKKER

ANNE O'NEAL

BINNIE BARNES

CHARLES HALTON

DICK PURCELL

ED BRADY

EDGAR KENNEDY

EMMETT LYNN

FRANK BROWNLEE

HARRY SHANNON

HELEN PARRISH

HOOPER ATCHLEY

JESSIE ARNOLD

JOHN WAYNE

MILTON KIBBEE

NORA BUSH

PATSY KELLY

PAUL SUTTON

RICHARD ALEXANDER

ROBERT MCKENZIE

ROY BUCKO

RUDY BOWMAN

SAM BERNARD

STANLEY BLYSTONE

ZEKE CANOVA

In Old California, 1942.

Duke plays a pharmacist in this film, which was his father's real life profession.

```
A R G P N O R A B U S H S U B E N L D Z E J
R L K E A T K N O Y G B T P I E O L V E N E
R I B M O T O K Y A Y F A A N L N E D K Y S
X O C E E B S X X C B Q N U N N N C R E A S
A J Y H R E N Y P H O I L L I W A R A C W I
D M S B A T B O K A A I E S E O H U N A N E
W T N D U R D B T E X L Y U B R S P R N H A
E F T A O C D E I L L Y B T A B Y K E O O R
Z C D E B Z K A K K A L L T R K R C B V J N
G P L V U X E O L K N H Y O N N R I M A E O
L A E N O E N N A E E O S N E A A D A E D L
E M M E T T L Y N N X R T E S R H P S M B D
N A M W O B Y D U R P A O L L F L L D K R E
Y D E N N E K R A G D E N E I R I W A D A E
H E L E N P A R R I S H E D K M A H S N D J
E I Z N E K C M T R E B O R E Q H H F Y Y Y
H O O P E R A T C H L E Y L U R N R C E D E
```

THE SEARCHERS, PT. 1

Find all the underlined words in these memorable quotes.

"<u>MUCHO</u> <u>TEQUILA</u>. THEY WERE <u>SLUGGING</u> IT DOWN <u>COPIOUS</u> LIKE WHEN I LEFT."

"OH, ALRIGHT. BUT YOU WATCH ME, BOY! I'M THE <u>HARDCASE</u> YOU'RE UP AGAINST OUT HERE, NOT THEM <u>CHILDISH</u> <u>SAVAGES</u>!"

"NOT QUITE, I'M <u>EIGHTH</u> <u>CHEROKEE</u>, THE REST IS <u>WELSH</u> AND <u>ENGLISH</u>."

"<u>TEXICAN</u> IS NOTHING BUT A HUMAN MAN WAY OUT ON A <u>LIMB</u>. THIS YEAR AND NEXT, AND MAYBE FOR A <u>HUNDRED</u> MORE. BUT I DON'T THINK IT'LL BE <u>FOREVER</u>. SOME DAY THIS <u>COUNTRY'S</u> GONNA BE A FINE, GOOD PLACE TO BE. MAYBE IT NEEDS OUR <u>BONES</u> IN THE <u>GROUND</u> BEFORE THAT TIME CAN COME."

```
S Z U M V W W B Y E H H S L J N P J E C A H
M L S N K W G F N A P A H Y Q B I N H S L U
U P U E E K O R E H C R X N R U P I L S I N
C U R G C R W K L H K D E I I T L A U F U D
H I Y M G I F B I A D C L P Y D N O V B Q R
O T W J Y I E R M V E A W P I T I U J W E E
W M F A N M N T B V T S T S L P S N O T T D
E N G L I S H G E F V E H G O N E Z F C R E
P O B W G K I Z O X M N R C E G A V A S D I
H X M V J B D R B E I E X C C Q Y A R E X Q
Q D O G J O E N Q O F C B Z J L I L F H E B
Z H E H Z V T T U X N N A Y U E W V T Z A W
K O C W E L S H E O W E H N Y A O H Q O M W
T Q F R Z N D L F J R L S M R P G D W P K Z
G W O R Y T D S A V A G E S D I K K D Q A D
L J B U Q N U M H T K S L U E P W Q N N C K
E S F H B T H R G K V R T T M U J K F V W E
```

THE SEARCHERS, PT. 2

Find all the underlined words in these memorable quotes.

"BY WHAT YOU <u>PREACH</u>, NONE. BUT WHAT THAT <u>COMANCHE</u> <u>BELIEVES</u>, AIN'T GOT NO EYES, HE CAN'T ENTER THE <u>SPIRIT-LAND</u>. HAS TO <u>WANDER</u> <u>FOREVER</u> <u>BETWEEN</u> THE <u>WINDS</u>. YOU GET IT, <u>REVEREND</u>."

"<u>FIGURE</u> A MAN'S ONLY GOOD FOR ONE <u>OATH</u> AT A TIME; I TOOK MINE TO THE <u>CONFEDERATE</u> <u>STATES</u> OF <u>AMERICA</u>."

"WELL, THE <u>PRODIGAL</u> <u>BROTHER</u>. WHEN DID YOU GET BACK? AIN'T SEEN YOU SINCE THE <u>SURRENDER</u>."

"WHY, <u>MARTIN</u> <u>PAWLEY</u>, YOU AND ME BEEN GOING <u>STEADY</u> SINCE WE WAS THREE YEARS OLD!"

```
D B J X R M E E H Y T R A P R D D E N V R U
L N I Z A E H Z B C A E X R B E L I E V E S
O A A R C C V F G H X H A O A D V X X G D S
G N T L N H O E C R H T H D J K L G L W N T
N I Y A T R Y A R S V O I I X R V H M T E A
N N M T E I E T T E E R N G F Y V I D S R T
A O O V A R R A W T N B X A I I D M J D R E
C C E J P A A I H F V D V L Y I G T L N U S
O R I Y E L W A P W A N D E R D S U E I S V
Q F U R S C T Y P S V P I W Z N A O R W H N
S W U C E F D F H G E H Z L E H X E N E Q A
P X E O Q M D Y C T U C T V M L M N T H T T
M F R A U D A N A P T W M A B R D U U S M Z
N E E W T E B V I Y M S T R O C F C J R K V
Q V M E X A D Z N R X J H P T K X A W F I M
T B E T A R E D E F N O C K O Q E Z E X D Z
W C G X K U M N U C J V J D G H C Z W E J P
```

FAMOUS COWBOYS

There was no shortage of real-life cowboys for John Wayne to emulate when bringing his characters to life. These are some of history's most significant.

BEN JOHNSON

BILL PICKETT

BOSE IKARD

BUFFALO BILL

CASEY TIBBS

CHUCK ROBERSON

CLAY ALLISON

DUTCH HENRY

FRANK CANTON

JESSE EVANS

LUKE SHORT

MART DUGGAN

NAT LOVE

PERRY OWENS

TEXAS JACK

TIM MCCOY

TOM HORN

TOM KETCHUM

WILL ROGERS

Buffalo Bill, 1846–1917.

```
K F D C N S H Y K B N E M A S F D Z D S F S
Q V C S H P N C E O U U R R M U E R T N R H
B F Q B H U A A S A H F E U T D A B O E A I
A E U T A J C I V C J G F C U K N S M W N P
N H X V S T L K T E O M H A I L K D H O K E
C T D A Z L R E R R E H I E L C K B O Y C T
Y A X K A M K O L O E S S B I O L T R R A T
G E S Y N M Z L H N B O S R G K B J N R N E
T X A E O S I W R S B E D E W V O I O E T K
I L A T Y W V Y R I E O R G J L X U L P O C
C U M E X T S B P O O K H S D M W X W L N I
T Z X X R G I E F W S L U C O A N K C Y R P
N A T L O V E B A V T L W L J N Y Q E Z Q L
D A M G J P I A B M A R T D U G G A N C V L
N V E B R I E G I S Y O C C M M I T J V C I
A V W X B H S O D B E N J O H N S O N N Z B
Y P R F M P E U A L K R T K K G O N P L T W
```

John Wayne in the first film he produced, *Angel and the Badman* (1947). The 1991 Johnny Cash song of the same name was inspired by the film.

⭐ STAGECOACH, PT. 1

Find all the underlined words in these memorable quotes.

"KILL THAT STORY ABOUT THE <u>REPUBLICAN</u> <u>CONVENTION</u> IN <u>CHICAGO</u> AND TAKE THIS DOWN: 'THE RINGO KID WAS KILLED ON <u>MAIN</u> <u>STREET</u> IN <u>LORDSBURG</u> TONIGHT. AND AMONG THE <u>ADDITIONAL</u> DEAD WERE…' LEAVE THAT BLANK FOR A <u>SPELL</u>."

"I CERTAINLY AM. AH, LET'S SEE…I'D JUST BEEN <u>HONORABLY</u> <u>DISCHARGED</u> FROM THE <u>UNION</u> <u>ARMY</u> AFTER THE <u>WAR</u> OF THE <u>REBELLION</u>."

"IT WAS A <u>MASSACRE</u> ON <u>SUPERSTITION</u> <u>MOUNTAIN</u>."

"I'M NOT ONLY A <u>PHILOSOPHER</u>, SIR, I'M A <u>FATALIST</u>. SOMEWHERE, SOMETIME, THERE MAY BE THE RIGHT BULLET OR THE WRONG BOTTLE WAITING FOR <u>JOSIAH</u> <u>BOONE</u>."

```
R S X G S L G C O G K Z W U A M C P D A H X
R E Q B K U A Z R G X E A Q R A G H E J V B
T A B W R V P U S O A M I E B S V I G B L A
J M W E I A B E K J A C P Z H S Q L R L Z B
W H V P L S D A R I L U I A P A V O A J L W
Q I Q K D L X Y N S B U I H R C U S H H K V
X O J R Y S I U L L T S N O C R U O C X O D
M A O W M U N O I A O I J I M E B P S E H S
Q L X U G Y K C N J N C T O O C K H I B T K
O H O N O R A B L Y C O U I B N M E D N E D
Q V I D O N O Z Y V Z N I L O S N R A Z E D
N O I T N E V N O C T B F T M N J Y E R R R
S P E L L Y M R A A R O T S I L A T A F T I
J R V X W L V A I L G O W T A D N L C X S F
M V E J Q T T N B Q A N J F G Z D G H D E H
O H H O B I Y S Q L A E E J K A Y A Z R X J
W D U K Y P N U D D T B Z B Y X I O A Y M N
```

STAGECOACH, PT. 2

Find all the underlined words in these memorable quotes.

"IS THIS THE FACE THAT <u>WRECKED</u> A THOUSAND SHIPS AND BURNED THE <u>TOWERLESS</u> TOPS OF <u>ILLIUM</u>? <u>FAREWELL</u>, FAIR <u>HELEN</u>."

"HAVING THAT <u>PHILOSOPHY</u>, SIR, I'VE ALWAYS <u>COURTED</u> <u>DANGER</u>. DURING THE LATE WAR—WHEN I HAD THE <u>HONOR</u> TO SERVE THE <u>UNION</u> UNDER OUR GREAT <u>PRESIDENT</u>, <u>ABRAHAM</u> <u>LINCOLN</u>... AND <u>GENERAL</u> <u>PHIL</u> <u>SHERIDAN</u>—WELL, SIR, I FOUGHT 'MID SHOT AND <u>SHELL</u> AND <u>CANNON</u> <u>ROAR</u>...."

"<u>LADIES</u> AND <u>GENTLEMEN</u>, SINCE IT'S MOST <u>UNLIKELY</u> WE'LL EVER HAVE THE <u>PLEASURE</u> OF MEETING AGAIN <u>SOCIALLY</u>, I'D LIKE TO <u>PROPOSE</u> A TOAST."

```
Y H P O S O L I H P M S F A R E W E L L T Q
A K Y Y E Y T T T F K O S Q Y Q R B B Z N S
S D K E N O J S O B F Q U E Q S R A Q M E J
H E J P A O L I H P V Y Y L L A I C O S D C
E T N S W N N P R E H O N O R R C N T R I M
L R T E X A L N W V R E G N A D E R S U S U
L U H Z D E I R A H H I K O T T P W N N E N
S O F I A L D K N C Y G D O I O H E O T R L
D C N S L A Y E M U M S V A N S Z P G T P I
K I U I N G J A K J N V S E N H W R Q T S K
E R U E Q E H G M C U I M L I N C O L N E E
E M L M B A X R E S E E O E V Q Y P G L I L
J E I T R C E U T N L R C N J Q F O C M D Y
H H O B J Y M L O T E A W N S T W S Y Q A N
B G A P M A Z Q N Y E R D P X W R E L E L V
K P A X Z V N E T I I Y A F C T P N Q B M B
X X X C B Y G M D S B J D L Y S P H K W V T
```

CASTS

RIO BRAVO

See if you can find all the cast members from *Rio Bravo* (1959), in which Duke starred next to such musical icons as Ricky Nelson and Dean Martin.

ANGIE DICKINSON

AUDREY BETZ

BUD COKES

CLAUDE AKINS

DEAN MARTIN

ESTELITA RODRIGUEZ

FRED ALDRICH

FRED GRAHAM

GEORGE BELL

HARRY CAREY JR.

JOE GRAY

JOHN RUSSELL

JOHN WAYNE

MALCOLM ATTERBURY

NESDON BOOTH

NICK BORGANI

PEDRO GONZALEZ GONZALEZ

RALPH BUCKO

RICKY NELSON

RILEY HILL

ROBERT DONNER

SHEB WOOLEY

WALTER BARNES

WALTER BRENNAN

WARD BOND

YAKIMA CANUTT

The film's sets were built to ⅞ scale, making the actors appear larger than life.

Rio Bravo, 1959.

```
R Z N F Z S E K O C D U B A D T Y C F R R O
Y R U B R E T T A M L O C L A M G W R J A V
F E N J A A U D R E Y B E T Z G E E E Y L R
Z E L A Z N O G Z E L A Z N O G O R D E P R
O L C O N U G L I W O I P D L A R O G R H P
J Z L S O N N I T R A M N A E D G B R A B L
O J A E D W E H E F D R K A I Z E E A C U O
H O U V S S B R C D W O D E I F B R H Y C H
N E D C X S M E B I I W R B U E E T A R K C
W G E W F W U P H R R C I A O J L D M R O S
A R A A D W Y R O S E D K H T N L O P A O P
Y A K I M A C A N U T T L I R I D N Y H F U
N Y I Y R I L E Y H I L L A N B L N G Q P N
E X N E S D O N B O O T H A D S B E L Y W O
N O S L E N Y K C I R J E K W E O R T Z C G
L I Y D T N Y P W A L T E R B A R N E S E D
N I C K B O R G A N I Y K M L O C F X P E Z
```

SIDEKICKS

Though John Wayne never needed another person to carry a scene, it was always entertaining to see him pal around with a sidekick. Here are a few of his most memorable costars.

ARTHUR HUNNICUTT	JOHN AGAR
BEN JOHNSON	JOHN DOUCETTE
BRUCE CABOT	KATHLEEN FREEMAN
CHRISTOPHER MITCHUM	KEN CURTIS
CHUCK ROBERSON	MAUREEN O'HARA
EDGAR BUCHANAN	PATRICK WAYNE
GEORGE 'GABBY' HAYES	VERA MILES
HANK WORDEN	VICTOR MCLAGLEN
HARRY CAREY JR.	WARD BOND
JACK PENNICK	YAKIMA CANUTT

Duke with Ward Bond in *Tall in the Saddle*, 1944.

```
M U H C T I M R E H P O T S I R H C R V N T
S Q N V E R A M I L E S T E T R O R J I X O
P E N O S R E B O R K C U H C R S T Y C L B
M M Y L S F Y A K I M A C A N U T T E T J A
F A U A D N X K N E J V I J E V B Q R O O C
A R U P H W H J U A N E N X N P L W A R H E
S Y X R X Y O O C M N C N R C Q S A C M N C
V G R N E H B K J Y Y A U G P D I R Y C D U
A B Q H N E P B A N W J H R F G I D R L O R
K I M A Y E N W A R E K R C T Q P B R A U B
W Q G X N Z K O H G A B U E U I E O A G C X
S A T N T C L P H V E U H U C B S N H L E U
R P I P I J E C F A L G T Q B T R D Y E T C
C C O R V K G X P C R R R R L F M A T N T Y
K X T D E X O R Z J Y A A O R Y X Y G X E W
K A X K A T H L E E N F R E E M A N V D V R
P N E D R O W K N A H G W V N G C D W I E J
```

LEADING LADIES

Duke worked alongside many talented actresses,
making him one of the luckiest men in Hollywood.

ANGIE DICKINSON

ANN-MARGRET

CAPUCINE

CHARLENE HOLT

CLARE TREVOR

CLAUDIA CARDINALE

COLLEEN DEWHURST

DOROTHY JORDAN

GAIL RUSSELL

JOANNE DRU

JOAN O'BRIEN

KATHARINE HEPBURN

KIM DARBY

LAUREN BACALL

LINDA CRISTAL

MARLENE DIETRICH

MAUREEN O'HARA

PATRICIA NEAL

SOPHIA LOREN

SUSAN HAYWARD

Big Jake, 1971.

```
H X S M A Y Y C M N Y L K N M K T R C A J L
I C P U E N A B E L A X O J A M S R H O O S
L T I E S P N I R T B S G T U O R O A Y A S
B L P R U A R M S A N R H F R E U V R E N W
L L A C T B N I A I D A J P E N H E L M N O
G L I C O E R H K R R M A O E I W R E T E G
C N E N A C I C A I G T I S N I E T N N D H
E U A S A B I D N Y R R O K O K D E E R R Z
S O L D S D N E E I W P E Z H T N R H A U K
J T N G E U H E C N H A S T A H E A O L A Y
M I X I R E R I R I E P R T R J E L L M W L
L M G B P M A L A U P L D D A X L C T A F X
E N O B O N A L I I A S R M M N L U K J L P
A S U P E K O V R A U L U A K I O G K M M S
N R E A M R N U G S G Y T B M N C A F X P C
N E L O E H D O R O T H Y J O R D A N L Z X
E L A N I D R A C A I D U A L C J D M C Y D
```

THE SONS OF KATIE ELDER, PT. 1

Find all the underlined words in these memorable quotes.

"IF SHE'D HAD HER <u>SONS</u> <u>AROUND</u> HER SHE WOULDN'T HAVE HAD TO <u>CONFIDE</u> IN <u>STRANGERS</u>. SHE TOLD ME WHAT FINE MEN YOU WERE, <u>NEVER</u> <u>FORGETTING</u> HER, SENDING HER <u>MONEY</u>, HELPING HER SEND BUD THROUGH SCHOOL. SHE WAS SO <u>PROUD</u>. HER TALL SONS FOR WHOM SHE KEPT MAKING UP LIES SO SHE COULD HIDE HER <u>SHAME</u>. <u>BLAMED</u> <u>TEXAS</u> FOR TAKING HER SONS. TEXAS IS A WOMAN, SHE USED TO SAY, A BIG, WILD, <u>BEAUTIFUL</u> WOMAN. YOU RAISE A KID TO WHERE HE'S GOT SOME SIZE, AND THERE'S TEXAS <u>WHISPERING</u> IN HIS EAR AND <u>SMILING</u>, SAYING, 'COME AND HAVE SOME FUN.'"

"...WHEN YOU'VE GOT TO FIGHT TEXAS, A <u>MOTHER</u> HASN'T A CHANCE."

```
F L A D X B H B G D A T F C F R H P R O U D
E S U W E T C E A G R E A K O F N C Q L B F
D D O F S H K Q N C O X T H R O U G H L Y I
I D C G I N S I Q B U A D S G T N G A E A Y
F U U F A T L U P I N S E O E B C M N Z I H
N V S B M I U B P W D C I K T F E O E R X H
O H P S M I D A H N Y Y R A T D M D P G W H
C J P S E I M I E R Y S S B I P I M K C O M
G D X P Y K S I V B C O H V N T A Y F Q C K
C S S S N P X U U Q U S L T G I M B B E Z U
K O U N E H F X W N T V T E J O A Y F S U I
D U L R D P T R Z O V Z T I P M Z M O S S M
R H I L Z I K E T Y T R O A I Q S R P O E U
L N W D E I D V S R E G N A R T S H N P Y V
G L Y Z T G W E P P T O H D F Z W S A D H Y
X P K H X W E N D U R E H T O M O Q Y M I J
F M F M Z C V S H J O Y J G A Q N E E S E X
```

THE SONS OF KATIE ELDER, PT. 2

Find all the underlined words in these memorable quotes.

"I'M DOING IT <u>BECAUSE</u> <u>KATIE</u> <u>ASKED</u> ME TO. SHE LIKED THAT <u>ROCKER</u>."

"I DON'T WANT TO BE <u>RICH</u> AND <u>RESPECTABLE</u>. I WANT TO BE JUST LIKE THE <u>REST</u> OF YOU."

"CAN YOU TELL US WHO IS THE <u>DIRTY</u> <u>STINKIN'</u> <u>LOWDOWN</u> <u>RAT</u> THAT <u>SHOT</u> OUR PA?"

"I CAN <u>DRAW</u> <u>PRETTY</u> <u>FAST</u>. WE CAN BE <u>FAMOUS</u>— LIKE THE <u>DALTON</u> <u>BROTHERS</u>!"

The Sons of Katie Elder, 1965.

```
I H J D R W A P S A Z J Q X Q R W A O P F O
M N R U V D I G R D T N U B G A I L B A R T
L A G T S K A O E U X Q Y L X Y J C M M E A
W Z F N D U Z M H S A H Q D L S Z O H W S I
W X X X I G U O T J Y U N Q A F U I B D T V
E B R D N K E B O J D N G N W S H L U A E X
R I G F B S N K R T V E I J J Q W H A N Y A
H O T W U Y L I B S H O T B J D R A W T P S
W O C A Z P K T T F R H Z E G M T S A F A Y
W J C K K Q G B Y S X E L B A T C E P S E R
Y E D V E N O T L A D B W D C A B S B D V N
B W E L B R R L I R U L B P I L X P D X A W
R N K R V I L O W D O W N R H I J O E W M H
U S S Y D A O W U D P T G E J B C E A K P G
I C A A A I J M U R P F W T Y K D F Z O C Z
Q T G U V R K U O N C H M T O O M R C Z K K
M G J M S Q H P V Z O F Y Y X B H L M I Q F
```

VILLAINS

John Wayne had some formidable enemies on-screen. See if you can find the names of all these actors who portrayed "black hats."

BRUCE CABOT

BRUCE DERN

CLAUDE AKINS

ERNIE KOVACS

FORREST TUCKER

HENRY BRANDON

JAMES GREGORY

JEFF COREY

LEE MARVIN

R.G. ARMSTRONG

RICHARD BOONE

ROBERT DUVALL

TOM TYLER

Chisum, 1970.

```
N U Y D K Z M Z F B N R Y F B R A Z T T G E
A O R E R L V U R S O E R O R E C Q U V B K
U A D Z R H B U L B E S O R U L S G U V W O
X T O N I O C G E U N I G R C Y V S T R F J
R Q V U A E C R V I W J E E E T O R E K Z B
E G X Z D R T F K V W G R S C M F P P C N F
E K A E W D B A F N I V G T A O F H E E S J
L J R R U M E Y E E B N S T B T B L H D T C
O N V V M D N N R C J Z E U O W Z K C J H J
V S A W U S C T C N U M C T B N K Z V W X
F L D A O L T F S B E B A K Y X L K V O V J
L Q L L V Y P R T L N H J E X D V H G M W Z
T C E R N I E K O V A C S R M L U D D J P A
N E M S Y U F X G N N N Z J H Z J E I S B P
R Y S X L A O F Y P G N I V R A M E E L B L
E N O O B D R A H C I R F A H K U F Z X V L
O R F O R X C Q T K T H V A P C V C H K W J
```

DIRECTORS

While his collaborations with John Ford are among his most memorable, Duke worked on Westerns with many of Hollywood's best directors.

ALLAN DWAN	**HOWARD HAWKS**
ANDREW V. MCLAGLEN	**JAMES EDWARD GRANT**
BURT KENNEDY	**JOHN FARROW**
DON SIEGAL	**JOHN FORD**
EDWIN L. MARIN	**JOHN HUSTON**
GEORGE MARSHALL	**JOSEPH KANE**
GEORGE SHERMAN	**NICHOLAS RAY**
GEORGE STEVENS	**RAY ENRIGHT**
GEORGE WAGGNER	**RAY KELLOGG**
HENRY HATHAWAY	

Rio Bravo, 1959.

Duke made five films with director Howard Hawks, including *Rio Bravo.*

```
A H S G J Z D J N P G J G R T N K H Z N N B
W N W E T R D S A I O G A M N Z E K O I A U
O D D O F Y H N N H C Y O I N N M T B N M R
R O P R E R B N N E E H R L R B S T Y E R T
R N A G E D E F M N V A O Y L U Q N H F E K
A S J E D W O J R O M E H L H E J B A C H E
F I G M G R V I X L Y A T N A H K H L O S N
N E T A D A G M N Q T N H S L S E Y W X E N
H G M R H H L I C H K O L L E A R V A X G E
O E E S T K W I A L J N L M Q G I A C R R D
J L R H Y D D W Q F A Z A D S R R R Y I O Y
V O P A E X A R E N G G A W E G R O E G E G
B B C L D Y J O N K E K L G R G R C E F G K
I J F L P O J E N A K H P E S O J G P G O U
D N H O W A R D H A W K S E N Y X W I F C Q
G A W C X M J A L L A N D W A N X V Z N T Q
J A M E S E D W A R D G R A N T U Q B B O H
```

THE COWBOYS, PT. 1

Find all the underlined words in these memorable quotes.

"I <u>REGRET</u> <u>TRIFLING</u> WITH <u>MARRIED</u> <u>WOMEN</u>. I'M <u>THOROUGHLY</u> <u>ASHAMED</u> AT <u>CHEATING</u> AT CARDS. I <u>DEPLORE</u> MY <u>OCCASIONAL</u> <u>DEPARTURES</u> FROM THE TRUTH. FORGIVE ME FOR TAKING YOUR NAME IN <u>VAIN</u>, MY <u>SATURDAY</u> <u>DRUNKENNESS</u>, MY <u>SUNDAY</u> <u>SLOTH</u>. ABOVE ALL, FORGIVE ME FOR THE MEN I'VE KILLED IN <u>ANGER</u>."

"WELL, I HAVE THE <u>INCLINATION</u>, THE <u>MATURITY</u>, AND THE <u>WHEREWITHAL</u>...BUT <u>UNFORTUNATELY</u>, I DON'T HAVE THE TIME."

The Cowboys, 1972.

```
R W E N X N G M T R Q T D S U T K U Y Y B Q
X E Q Z I S O K K M H H R E U Q K V W L N I
V C R N I A I Q Y S S Q U I I N T N C H G A
R E G R E T V X A S D H N L F R D H D G X E
L L D E P A R T U R E S F U N L R A Q U J A
E A D T T O U G U V L I O U E Q I A Y O P V
N K H E Y R C N B A D M R M G Q V N M R Z W
M K U T D T K I N K A K T K F V R Y G O B O
E F B A I E R O Y T I R U T A M V A E H D M
U F Y U N W I N O I T A N I L C N I C T E E
P P T N S S E O M U E T A V E R I C H S M N
L G E L A R Q R H M G R T G L R L A E F A T
P S O C O R A A E V I P E B R E Y K A V H J
S T C L R E G N A H Q U L K O L P R T D S Z
H O P M U N T M C U W L Y B N K M R I Z A J
Q E J Q N F V S C H O C P B H V Y W N T B O
D A N I F C K Q S N R K Z I X E K A G Y V M
```

THE COWBOYS, PT. 2

Find all the underlined words in these memorable quotes.

"THE <u>PRAIRIE</u> WAS LIKE A <u>MOTHER</u> TO <u>MR.</u> <u>ANDERSEN</u>. HE <u>BELONGED</u> TO HER. SHE CARED FOR HIM WHILE HE LIVED. AND SHE IS <u>NURSING</u> HIM WHILE HE SLEEPS."

"IF YOU'RE <u>LYING</u>, REMEMBER ONE THING. I COULD <u>SWALLOW</u> EACH OF YOU WHOLE WITHOUT <u>CHOKING</u>. ALL I NEED DO IS <u>BUTTER</u> YOUR HEADS AND <u>PIN</u> YOUR <u>EARS</u> BACK."

"YOU GOT TO FIGURE YOU'RE DEALING WITH THE <u>DUMBEST</u>, <u>ORNERIEST</u> <u>CRITTER</u> ON <u>GOD'S</u> <u>GREEN</u> <u>EARTH</u>."

"BOYS ARE ALWAYS <u>GUILTY</u> OF SOMETHING <u>NASTY</u>. WHAT COULD IT BE THIS TIME, I <u>WONDER</u>?"

The Cowboys, 1972.

```
M Q V L F H O I J P Q L G G L W N T H U X R
U H T I Q G Q D T N P U O O B G C S T C N A
R Z I Q E U N A K N J A M Z D D H E R C B I
W O L L A W S I E R N W R B E S T B A U G R
L H Z C J Z N S K Q F B F P G F F M E E U F
M G W B L V R U T O M V U U X N B U Z S I J
D H N W F E P E N R H N P T B S J D K Y L C
G B G H D I B U E V C C P K T E M P B J T A
V B R N F E R T O Y P T O Q Y E L I R W Y R
H E A R S S T W T W R M O T H E R O P S P U
M R O X I I O S L W A J N X Q E G F N F F Z
M M B N R N A Z Z S I Z P E G V B L Y G M B
Q Y G C D N E I U O R N E R I E S T V H E R
R B U E X F E P I O I J K C F R V A R N B D
D A R L R G V Q K P E R G Q B A G N K H T D
E D F I I W P J T I G N I Y L M O N H V Q F
R O G G G Y V K M N F D H M U D J M G N I H
```

THE ALAMO, PT. 1

Find all the underlined words in these memorable quotes.

"REPUBLIC. I LIKE THE SOUND OF THE WORD. IT MEANS PEOPLE CAN <u>LIVE</u> <u>FREE</u>, TALK FREE, GO OR COME, BUY OR SELL, BE <u>DRUNK</u> OR <u>SOBER</u>, HOWEVER THEY CHOOSE. "

"WELL, I'M NOT <u>EMPTY</u> ANYMORE. THAT'S WHAT'S <u>IMPORTANT</u>, TO FEEL USEFUL IN THIS OLD WORLD, TO HIT A <u>LICK</u> AGAINST WHAT'S WRONG FOR WHAT'S RIGHT EVEN THOUGH YOU GET <u>WALLOPED</u> FOR SAYING THAT WORD."

"I'D HATE TO SAY ANYTHING GOOD ABOUT THAT <u>LONG-WINDED</u> <u>JACKANAPES</u>, BUT HE DOES KNOW THE SHORT WAY TO START A WAR."

"YA DON'T GET <u>LARD</u> LESS'N YOU <u>BOIL</u> A <u>HOG</u>!"

```
R G Y D F L A G D E P O L L A W R U C W F D
M N S T D R G O T H L M Z G T E H P D Z E N
C I E F P F E H J Z P K E N V K C E W R K U
K L L X J M J E E S I W L I Y N X X I C A I
W L B F X A E H P P M E R I L Q A K L O Y Y
E E I V W F C P Z J P D R N O X F L L P A R
W Y B E C L W K K U O D Q U S B R O Z C C P
S U R Q W Z N S A M R J R U J E V D X M P F
D U M Z O L S B R N T G Y F P M E E T I N G
D I L V J I S H E J A U N U R Y Z E A L B U
I Y K L X C Y P S A N P B I U E D R A L E M
R Q B V P K U V F X T L E D S L I V E V A A
L O N G W I N D E D I E R S C S I W P G V O
C L I V Z C M Y A C X U R A P V O P J F E T
R E B O S U A X G B N L M G E Q U R M P R M
Z I E R Y X Z R S K M P F R R C I O C X R B
G M K T U H Y P K G W S N R N H M A T T R Y
```

THE ALAMO, PT. 2

Find all the underlined words in these memorable quotes.

"IS IT TRUE THAT YOU AND <u>MIKE</u> <u>FINK</u> FOUGHT A <u>THREE</u> <u>DAY</u> <u>FIGHT</u> ON THE <u>MISSISSIPPI</u>?"

"BUT I <u>RECKON</u> WE CAN <u>ARRANGE</u> FOR HIM TO <u>LIMP</u> <u>GOING</u> <u>BACK</u>."

"SEEMS LIKE THE <u>BETTER</u> PART OF <u>VALOR</u>."

"DO <u>CHASTISE</u> <u>MEAN</u> <u>WHAT</u> I <u>THINK</u> IT DO?"

"YOU'RE A <u>DAMN</u> <u>FOOL</u> <u>TRAVIS</u>."

The Alamo, 1960.

```
X K Q N H B Y I S R Q U S R S I B D F Q C F
N F B O S J T H R V Z G D B E N Q G O K U R
Y M G K O P V F M E A B N A A G N M A D Z W
F A B C S U Z I B C R J C U K C N B R K Y T
A G D E J U J G Q Q Z Y S G Z U K A Q V A I
H Q W R K B N H X A R R O L A V P C R H L P
P M C N M G Y T V K F S M N C Y L W F R D I
X H T F L T R A V I S E L A T S P W L B A P
L F H C I W M K H F C K J T C H H B K S C P
R O K V R G E K W Y D I T Y F A R N C W C I
T P O V U R A C N A M M F Y T J I E G C B S
C P J F E Q N I O I Y U M P Z F K O E L S S
X O W T M R X X H O H L I M P J I H B T T I
R Y T F P D V V W D X T R N E N G Q Q S W S
E E X B R Y Y E C M X F H A G Y K E F L H S
B Y O D R F A M H M C A F M G K Z W K I E I
K L W Q G S D E S I T S A H C U S O L A E M
```

NATIONAL COWBOY & WESTERN HERITAGE MUSEUM

Many of John Wayne's personal possessions were donated to the National Cowboy & Western Heritage Museum after his death. See if you can find the words and phrases about the museum below.

ARTIFACTS

BARBED WIRE

CHESTER A. REYNOLDS

CHRIS LYBBERT

CLARK HULINGS

COTTON ROSSER

CURTIS W. FENTRESS

FIREARMS

GUY GILLETTE

LANDSCAPE

OKLAHOMA

PROSPERITY JUNCTION

REG KESLER

RODEO

SADDLERY

SCULPTURE

STEAMBOAT

THE HUNTER'S SUPPER

TROPHIES

WRANGLER

National Cowboy & Western Heritage Museum.

```
R G H Q C N I D D E E P V Y S O O F S V W T
Z E E Q T H T S G N I L U H K R A L C U Z H
E A S I X H E N T N L R T G C C C H U K J E
I M C S Y G Q S O R Y B X B U Z P N L W E H
T O L U O O R K T K K K R R N P O C P T S U
R H F A P R O S P E R I T Y J U N C T I O N
E A I W N I N G B E R I T Q U Z V E U R U T
B L R T M D F O G T S A E R E Y L X R A W E
B K E E N N S K T W A N R R O L W M E Q H R
Y O A N Y J E C F T G O O E I P Q V B H Y S
L J R M E S F E A B O D B G Y E H A B R M S
S F M B L Q N A C P E C Y M D N K I E D Z U
I F S E L T F F H O E U A N A Q O L E K W P
R M R K R F W R A N G L E R F E D L G S T P
H M W E B A R B E D W I R E K D T M D A I E
C Z S T C A F I T R A A V R A T Q S O S D R
S S U Z I Y Z C M N N A B S S S Z Q R U I B Z
```

O.K. CORRAL

The 1881 shootout at the O.K. Corral is one of the most memorable true stories in the American canon—and the stuff great Westerns are made of. Try to find these related words and names in the list below.

ARIZONA

BILLY CLAIBORNE

BILLY CLANTON

CLEMENTINE

COWBOYS

DOC HOLLIDAY

FRANK MCLAURY

IKE CLANTON

JOHNNY BEHAN

LAWMEN

MORGAN EARP

PETE SPENCE

SALOON

SHOOTOUT

STUART LAKE

TOMBSTONE

TOM MCLAURY

VENDETTA

VIRGIL EARP

WYATT EARP

The Dodge City Peace Commission, 1883.

Director John Ford was friends with Wyatt Earp, who often visited his movie sets.

```
P C E Q F I P I N D W F E C P I Q U S P B P
X E O N O B X B J O U R K D Q T N E V N R E
H J T W O N I P Y R T A B D H D J H R A N V
I N I E B T K L S K T N M O R G A N E A R P
G E J L S O S W L Q L K A Z B V R L H Q U D
W L X V H P Y B S Y U M Q L A R I W P S O C
N E M W A L E S M Z C C Z P C G Y V W C P L
N A H E B Y N N H O J L T I R E H B H Y R E
S C I F W B J L C D T A A I O F K O D R A M
U W V T O T V F D E G U V N U G L I T U E E
B I L L Y C L A I B O R N E T L T U A A T N
V E K A L T R A U T S Y E A I O O Z R L T T
V E N D E T T A R A G G B D G T N K I C A I
J C D R W X E M L B S R A P O E J C Z M Y N
M H U U V A M O F G C Y P O B H J X O M W E
B T Y I O G O T L W U E H L I Y Y J N O E E
N G A D H N C G Q O K S E M H P R Y A T J H
```

WOUNDED KNEE

The 1890 Battle of Wounded Knee Creek was the final clash between Native Americans and federal troops, a moment that shaped the history of the West. See if you can find the related words below.

BLACK COYOTE	LAKOTA
BUFFALO BILL	MINICONJOU
DEWEY BEARD	PAIUTE
GHOST DANCE	PORCUPINE BUTTE
GREAT PLAINS	SHORT BULL
HEART	SOUTH DAKOTA
HUNKPAPA	SPOTTED ELK
JAMES W. FORSYTH	WHITE LANCE
JOSEPH HORN CLOUD	WOVOKA
KICKING BEAR	YELLOW BIRD

The Opening of the Fight at Wounded Knee, Frederic Remington, 1890.

```
P G H O S T D A N C E B F I S R I S J Y U O
M O D E Q C F A Y A L X Y X G I O P A E O R
A N R Q C M A Z E A P R Z R K G U U M L J C
I T K C P N U F C E E M A X Z N P H E L N X
S U O A U T A K Q L L E O Y Z V M A S O O L
S P V K P P C L L I B O L A F F U B W W C S
N M O S A O I U E G H U N K P A P A F B I F
I D O T Y D B N N T L O Q N W L R H O I N X
A K U O T T H I E P I A K Q E W Z Q R R I O
L A T Y R E K T A B Q H K T R A E H S D M T
P E W O K C D I U M U C W O S R U B Y J B M
T L H Y I Q U E H O S T C G T K Y F T W X N
A S L K K T L D L I S W T D C A P Q H O Y H
E F M W E S S V I K S Q N E G N X B X V Y N
R T L J O S E P H H O R N C L O U D O O M W
G H S C D R A E B Y E W E D W C I J B K U L
P S X J P X B U P C A O Y T M C O D R A U E
```

RIDING THE RAIL

In 1973's *The Train Robbers*, Duke plays Lane, a man who—you guessed it—robs a train. Track down these train-related terms!

BAD ORDER

BULK

CURFEW

DIAMOND

EXTRA BOARD

FROGS

HOT BOX

HOT SHOT

HUMPED

MANIFEST

POOL CREW BASE

POWER SHOT

RECREW

RIBBON RAIL

RUN THROUGH

SHOOFLY

SHOP COUNT

SPUR

TRIMMED

WASHOUT

The Train Robbers, 1973.

```
M U W R S A U K E M S G O R F B F R L P A U
X F N F Z A D R A X A D J M L U P G I H Z I
H G U O R H T N U R T N A D B L Q Z A B Z S
D N O M A I D T R H L R I Z V K R C R T L J
R S C D E U U U U F C U A F T G F X N R H D
R J D U J O P M E S R L J B E O X X O I T D
C E R T H S P O S Q H X R V O S J J B M I U
W C D S X E A R A I N O T E W A T A B M A I
O U A R D D C K B D Y S P E C T R P I E M F
X W I R O X E Q W T E L F C B R O D R D O C
F V Q Y O D T H E G O R F D O W E E G X W G
O W T B K W A W R I U H L O E U W W S Q K M
I I T T O F T B C C P O S R O P N O Q U O D
R O N W V C W E L A C I S T U H Q T I Z E S
H T W B N Y M U O T I H R T O U S U P C Q U
F W T F S G H Z O L O Y N Q A H D N C M K E
B A Y K C T D O P T O X K C H X A Q W E O A
```

ANGEL AND THE BADMAN, PT. 1

Find all the underlined words in these memorable quotes.

"<u>FUNNY</u> THING ABOUT <u>PANCAKES</u>: I LOSE MY <u>APPETITE</u> FOR 'EM AFTER THE FIRST <u>COUPLE</u> A <u>DOZEN</u>."

"THEN HE GAVE IN MORE EASILY THAN I <u>EXPECTED</u>. THEN REMEMBER THIS, <u>QUIRT</u>: THE LORD MOVES IN <u>MYSTERIOUS</u> MANNER AT TIMES, USING STRANGE <u>METHODS</u> AND ODD <u>INSTRUMENTS</u>."

"HIS FIRST <u>CONSCIOUS</u> WORDS SHOULD BE <u>RECORDED</u>. THEY MAY BE OF GREAT <u>INTEREST</u> TO <u>HISTORY</u>...OR MORE POSSIBLY TO THE <u>UNITED</u> <u>STATES</u> <u>MARSHAL</u>! WHO KNOWS WHAT <u>VIOLENCE</u> IS INVOLVED WITH HIS <u>BATTERED</u> FRAME AND HIS BULLET HOLES."

"ARE THERE VERY MANY OF YOU <u>QUAKERS</u>?"

```
S A A S M P A N C A K E S O Q I S D L M B S
D U P J W Y Y L S B S Y X U U D V E S P C U
D E O P E L P U O C X Y A Y O R F R I I Q O
S O T I E O J K C M C K Z H E O Q E S U C I
E V Z I R T N U A U E S T C B Q U T Q K S C
T A Y E N E I F Z R F E O L V M I T G J L S
A Q Q A N U T T S S M R D R J O R A S U V N
T Y V C K B N S E F D A P E I N T B O Q Y O
S L E Z K U G S Y E R E R S X T W C A M Y C
Y Q R Q I E S I D M E E C S L A A E N A V R
S K V E I E U V X I M X R N H N B E L J J K
M E F T N Y Q P R U T P P A E A B G K T J D
P R T T I I C H M B R E M H S L L U J M V I
J A I T J A U J E S G C H I S T O R Y K Y F
W W U A S T N E M U R T S N I X E I S B J G
J X F U N N Y C Q J K E F U W K Z G V K G H
T S E R E T N I Z L O D C T B I C U R I Y Y
```

ANGEL AND THE BADMAN, PT. 2

Find all the underlined words in these memorable quotes.

"ONCE, WHEN I WAS <u>STUDYING</u> <u>MEDICINE</u> IN <u>EUROPE</u>, I HAD A FRIEND—AN ARTIST. HE DREW <u>PORTRAITS</u> OF PEOPLE AND MADE THEM <u>RESEMBLE</u> THE ANIMALS THEY REMINDED HIM OF. HE'D HAVE DRAWN THIS MAN AS A <u>COILED</u> <u>COBRA</u>."

"WE'RE HAPPY TO HAVE HIM HERE WITH US BECAUSE HE <u>PROVIDED</u> ANOTHER <u>INCIDENT,</u> WHICH <u>REAFFIRMS</u> OUR BELIEF THAT ALL MEN ARE GOOD IF THEY ARE SHOWN THE LIGHT. HE <u>PERSUADED</u> <u>FREDERICK</u> <u>CARSON</u> TO LET DOWN THE WATER BY SHOWING HIM THAT A MAN WHO IS A FRIEND TO OTHER MEN IS A HAPPY MAN HIMSELF."

"THIS'LL SOUND LIKE I'M BUTTIN' INTO YOUR <u>BUSINESS</u>—AND I AM!"

```
E L D L Q F T C D C S D E D L V U C C G P R
T Q W S E T M E O A M T E D X I E E O I R K
S J F C A R D W O R R T I D M X L G Q S T K
D S X Y N A U G P S I W Y A I G H C W T N D
E E W T U N U C X O F S M M R V Y M P U E D
A Q K S Y U E S K N F J O I X T O L B D D L
Z O R U G Y G E Y Q A D G E L T R R C Y I O
H E K K Z I F R E D E R I C K M I O P I C G
P E U R O P E S C H R D E M E V P H P N N I
B S C R Y T Z D S J C S C D W B Q X C G I D
W Z A A I M Z S F Y A T I O H I J L B B C N
E L B M E S E R L C J C A V I K T X A B E T
S C N F J N J N B I I H N W D L I T U V K C
R F K Y I V R E D N E B L I A N E T E Y T N
L F S S Q L L U E A R B O C G G T D D D J W
U X U J F Y W H I C D N R G T I V M T R C S
E B F J U N K B Y P C Q N M N X D U R K J X
```

AWARD-NOMINATED WESTERNS

Duke's movies weren't just fun to watch—they were often critically acclaimed, garnering various award nominations.

TRUE GRIT
(OSCAR, BEST ACTOR IN A LEADING ROLE)

THE ALAMO
(OSCAR, BEST PICTURE)

(THE MAN WHO SHOT) LIBERTY VALANCE
(WESTERN HERITAGE AWARDS, THEATRICAL MOTION PICTURE)

THE COMANCHEROS
(WESTERN HERITAGE AWARDS, THEATRICAL MOTION PICTURE)

THE ALAMO
(WESTERN HERITAGE AWARDS, THEATRICAL MOTION PICTURE)

McLINTOCK!
(LAUREL AWARDS, TOP ACTION PERFORMANCE)

CHISUM
(LAUREL AWARDS, BEST ACTION PERFORMANCE)

CIRCUS WORLD
(LAUREL AWARDS, ACTION PERFORMANCE)

True Grit, 1969.

Duke also received The Brass Balls Award from *The Harvard Lampoon* in 1973.

```
E M T W D O M A L A E H T Y S V F D V M Q D
N C N H F S E S R L Q N T Q O N Y K D A H Z
S L N O E P V H V D H N P U R Q T U R H U Z
S I H A B A J H R A R O Q Z E E D V N K O L
P N R B L J L O T B F X I Q H I W X D H H X
F T V Z H A X A B O T H F U C M N R S H Y A
M O G C T Z V M M T U N U K N J U L O U V M
X C M G B Z E Y R O Y I V W A V B S N Q M O
C K V N Y A M U T F A U X Q M Y J D I F M C
G I F D R T E D B R X M Z P O F C R M H Q A
X V C G I G B I X G E H S U C T R G O E C W
R L E N R Q A Q S F J B T B E F G P J K Z M
N L K I L E M O Y Z I K I N H F G C R S S D
T F T W Q N C R C T R D D L T R F Y M Z B I
H K Q F C X S P F C W F M F B K Y Y N G J V
T A C R K C I R C U S W O R L D U C J M E H
Y P S E S G F Q W J E Z I Y Z H N A U A Z W
```

OLD WEST TOWNS

With little more than a Main Street and a General Store, many of these Old West towns managed to set the scene for all the drama of a John Wayne Western.

ABILENE

BANDERA

BISHOP

CALICO

CODY

COLOMA

DEADWOOD

DENVER

DODGE

DURANGO

FORT SMITH

LARAMIE

OATMAN

SACRAMENTO

SAN ANTONIO

SHERIDAN

SILVERTON

TOMBSTONE

TUCSON

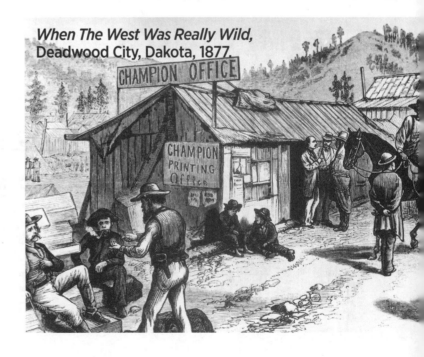

When The West Was Really Wild, Deadwood City, Dakota, 1877.

```
E S A R V P O C U U J D H E I M A R A L N R
C G R Q O H I J Y Y F H T G E Z O E C A F B
R M D H K O N B G V N J I K F N U I D L U N
A O S O C K O C L I E S M X G V E I X N E A
Y I I I D Q T N C P P M S D L F R L T Q F C
B W L Z I C N O V O I T T Z J E M A I C O O
T A R L W R A T S F D L R O H X M C N B J T
C O O B E D N R E F H Y O S H R O C V K A N
G A M V Z C A E V N E T F D O O W D A E D E
L A N B V M S V E M X H D F B O H A P Q G M
O E W H S Z N L S W L U W A V I A U X S O A
D K G H H T I I R T R B N T K X W T V S M R
R V Q B G M O S Y A U D T U C S O N M K J C
M R I A R D G N N T E C O L O M A A G A M A
I D D V P H Q G E R J D H D U M W D W H N S
P M L Z H K O A A J H F D R P U K D M P S H
C Y M Y T K G H T M W C N Q H M S J F M V X
```

HONDO, PT. 1

Find all the underlined words in these memorable quotes.

"YOU BAKED TODAY. I CAN SMELL FRESH BREAD ON YOU. SOMETIME TODAY, YOU COOKED WITH <u>SALT</u> <u>PORK</u>. SMELL THAT ON YOU, TOO. YOU SMELL ALL OVER LIKE <u>SOAP</u>: YOU TOOK A BATH. AND, ON TOP OF THAT, YOU SMELL ALL OVER LIKE A <u>WOMAN</u>. I COULD FIND YOU IN THE DARK, MRS. LOWE, AND I'M ONLY PART <u>INDIAN</u>."

"I KNOW A LOT OF <u>PRETTY</u> PEOPLE I WOULDN'T TRUST WITH A <u>BUSTED</u> <u>NICKLE-PLATED</u> <u>WATCH</u>. BUT SOME OTHERS, SOMETHIN' COMES OUTTA THE INSIDE OF 'EM AND YOU KNOW YOU CAN TRUST 'EM. <u>DESTARTI</u> HAD THAT. AND YOU'VE GOT IT TOO."

```
D S D X Z R Y F R J P I C O W C I Q N T D M
L E W E Q I O R B L E X A Y H B V Y I H E L
Y Z T A S R T C A L W A T C H A Q J K V T Y
A T X A E T G V B S F A D Q R H R K E O S H
V T T V L I A I V A R L A B A N I A E C U U
E O E E P P S R Z L V A H E U Q A N S E B M
V R U B R S L J T T S V G D U T H W W R J Y
C O A D O P N E K I Y B N A M V N J A E N P
O K B P F A M S K F R L T P A O S L U M G F
L U M P M L J A G C R A D D S W U E Q O Y K
T I O O C A N U T I I B T P O A X J S N B H
E R W V C G C X I Y Y N Z P E H S X Q Y G D
K A J F D I H Q H Q A G G T E D S W S F E N
T J E D R I N A I D N I X X K M U O V B M I
Y O G O O K J C A V T Z I S A V J J F A T P
L O D N E C T Y H H D U L G B Q C S R H E S
G Z E X I F Z Q J P J B M E G Y I M E V B M
```

HONDO, PT. 2

Find all the underlined words in these memorable quotes.

"A MAN CAN AFFORD TO HAVE <u>NOBLE</u> <u>SENTIMENTS</u> AND <u>POSES</u>, BUT A <u>WOMAN</u> ONLY HAS THE MAN SHE <u>MARRIED</u>. THAT'S HER TRUTH. AND IF HE'S NO GOOD, THAT'S STILL HER <u>TRUTH</u>. I MARRIED A MAN WHO WAS A <u>LIAR</u>, A <u>THIEF</u> AND A <u>COWARD</u>. HE WAS A <u>DRUNKARD</u> AND <u>UNFAITHFUL</u>. HE ONLY MARRIED ME TO GET THIS RANCH AND THEN HE <u>DESERTED</u> JOHNNY AND ME FOR GOOD."

"YOU ARE <u>APACHE</u>. NOW, HEAR ME. <u>PONY</u> <u>SOLDIERS</u> ARE NEAR. SOON WILL BE FORD-REMEMBERED <u>FIGHT</u>."

"DID YOU EVER SEE A <u>CROW'S</u> <u>WING</u>, HOW <u>BLACK</u> AND <u>GLEAMING</u> IT IS?"

```
C S W W Y N H H H E K P I I S C G M T E P B
N R Y Q O J T Q M M M L Y S E L O Y L N A I
J W O B C A R L D B Y V N R N C D W I E C U
D N L W M B U V S L A M P Q T R R C A K X I
B E U B S M T B R A Q L Y I I H B I I R U Y
N Y T W G W H C E C G D B F M H L U Q N D A
A F S R I U O C I K J O E G E V U U F T Z P
D S O S E S O P D Y J I N Y N G E A C P X A
R L G K L S C N L C H I R C T N I O A X P C
A Z L I F U E C O T M F V K S T G X O E D H
U L A Y V X Q D S A B G X Z H F I G H T Z E
P R M V A B T D E U Y T N F G I X F H I W T
P T S K L A W L I S I N U I Q H J N R U F V
Y N O P W V G N T S I L Z V W F B K A V R M
W O N A J Y W U W G R O I T V B A P Z M F H
S W B M I S O Y L J X K S R W W L N Q E O Z
N P J J R R D R A K N U R D M A R R I E D W
```

THE THREE MESQUITEERS

John Wayne starred in eight "Three Mesquiteers" films, a series of more than 50 B-Westerns released by Republic Pictures between 1936 and 1943. See if you can find the character names, actors and places associated with the films.

BOB LIVINGSTON

ELMER

GEORGE SHERMAN

HENCHMEN

JOSEPH KANE

KANSAS

LARRY SMITH

LOIS COLLIER

LULLABY JOSLIN

MESQUITE

RAY CORRIGAN

RAY TAYLOR

REPUBLIC PICTURES

RICO RINALDO

RUSTY JOSLIN

STONY BROOKE

SYD SAYOR

TEX REILLY

TUCSON SMITH

WILLIAM A. BERKE

New Frontier, 1939.

The Three Mesquiteers films were based on a series of books by William Colt MacDonald.

```
R E P U B L I C P I C T U R E S T E T E H E C T
L S O X M P I U O H I R N R K H E F Z K W U
T U P D A I S Z T N U M A A B R X V P R J C
A J L R L G Y I W S R Y N G O D R A Q E L S
X S W L B A M Q T E C S E W B Z E Q G B K O
C Z T H A S N Y K O A O B Q L U I Q J A Z N
H X S O Y B J I R S R S F C I N L O D M G S
M C P R N O Y R R G S N D N V E L F N A N M
A S R D S Y I J E O U O Q H I M Y U D I H I
H A A L H G B S O U C I R Z N H R X O L Y T
L J I A A N H R E S Q I Z X G C O A D L P H
E N E N C E V H O R L E R V S N Z W X I Y Z
G B A N R O Q Y T O Z I L O T E D P P W N I
A L V M R E M L E D K M N R O H K S X V U H
L V A S Y D S A Y O R E H Q N D W I J U P Z
Z N R E I L L O C S I O L R O L Y A T Y A R
L O J O S E P H K A N E E T I U Q S E M W N
```

The John Wayne Large Print Word Search Book: The Westerns **275**

3 GODFATHERS, PT. 1

Find all the underlined words in these memorable quotes.

"A LOT OF BOYS <u>STICK</u> UP <u>STAGECOACHES</u> AND <u>BANKS</u> AND ONE THING AND ANOTHER. BUT A MAN WHO WOULD <u>DYNAMITE</u> A <u>WATER</u> <u>HOLE</u> IN THIS KIND OF <u>COUNTRY</u> IS <u>DOWNRIGHT</u> <u>CRIMINAL</u>."

"I JUST <u>REMEMBERED</u> WHAT <u>TOMORROW</u> IS. <u>FELIZ</u> <u>NAVIDAD</u>."

"THEY AIN'T <u>PAYIN'</u> ME TO KILL FOLKS. THEM <u>TEXAS</u> <u>BOYS</u> ARE GONNA BE <u>MIGHTY</u> <u>THIRSTY</u> BEFORE THEY GET TO WATER."

3 Godfathers, 1948

```
T T C R K P P L K T U S O B A V Z M Z W E N
K H W O F C A C H B T Z Z W V S S Y E I T A
D D G K U N I I K A D E R E B M E M E R I V
S D G I I N R T G T O M O R R O W M G H M I
R L P M R S T E S U R B K P S X L H O G A D
W X I V T N C R A W N M W F A A O L D Z N A
D R L Y R O W B Y Q B T B H I Y E I L T Y D
C C S E A S Y O B X C E J L B S I Q A Z D J
I F T C M U Q X D Y U X K I P K N N Q V D F
T A H X S A T S Y V I A K Z N N B D G K G B
W E Y T H G I M E A U S Q Z X A F J I Z D I
S K X Y O D U O F U D T E O D B J Y V Y B O
E Q D A E W V E W I K V Z A D F E L I Z K C
C Y G I S P W R G H A R W Z V A Z M W O N N
Z S W F Y W L Q R E J Q L N L F O X I R D W
A I C F N N R D V P X M B I K C C R M W A M
N M G V M U T G V K J K M H Q D E Y Q I D P
```

3 GODFATHERS, PT. 2

Find all the underlined words in these memorable quotes.

"<u>TURN</u> <u>AROUND</u>, <u>TEXAS</u>. TURN AROUND AND <u>DRAW</u>."

"<u>WELL</u>, <u>PERLIE</u>, <u>YOU</u> <u>OLD</u> <u>HAYSHAKER</u>... <u>LOOKS</u> <u>LIKE</u> YOU <u>GOT</u> <u>ME</u>..."

"<u>GOODBYE</u> AND GOOD <u>LUCK</u> <u>BOY</u>. <u>YEAR</u> IN <u>JAIL</u> DO YA' A <u>LOTTA</u> <u>GOOD</u>!"

3 Godfathers, 1948.

```
D K N H N Q R G B R W L E J N R U T W K U H
G L S Z L W E U H I O K F E D G B Z Y A G D
T T O X R E K V Q T I B N O H A B C N U R J
B O Y W P M A R T L V Z O Y Z U D O W I A D
O G B C U B H A F D O G G I O N Z D S I G L
N R P H R D S I V E T N J G U R T J L A X E
P E R L I E Y C R V X H B O C B K E J M E N
W O O M U V A A W R Y J R W U P U T X S E C
C M B E V P H Z Y A L A P P M K E S N A E O
U O Y X F K B Z Q L L B Z V J Y A C R N S T
L D A T G R R M N V E W K L B B C L W Q C N
J D B E Y B D O O G W I O Q O G D O F K K Y
L R O M Z V V C J K B M B B B K W U O N I N E
Y U R Z J H N F N P O K I C H U R K R C B A
F O C I X E F Q G M N N M P C D U S I A L R
F I N K M K C N Z A F N D F T Q T M Z J N L
J R R J S I R P S U K F L W N G P X X S N H
```

Hondo, 1953.

ANSWER KEY

PAGE 5

PAGE 7

PAGE 9

PAGE 11

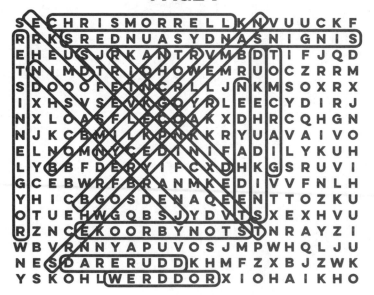

PAGE 13

PAGE 15

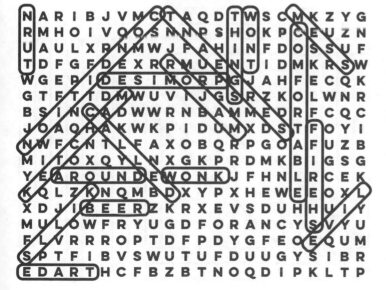

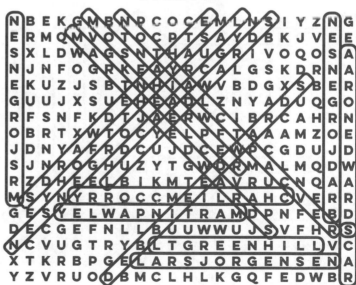

PAGE 17

PAGE 19

PAGE 21

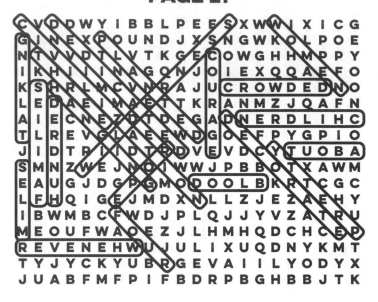

PAGE 23

PAGE 25

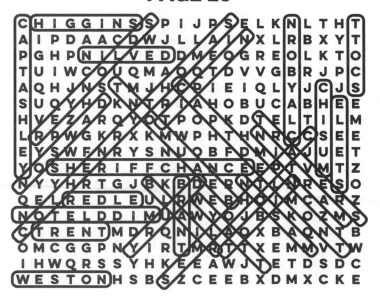

PAGE 29

```
I N O L D C A L I F O R N I A D S R D A L S
S E I T E N I N S S E L W A L N P I A L A O
H C A O C E G A T S U K Z B M A O O K A D N
P V I J F J X J L L M K D F Y M I B O D Y S
L I A R T N O G E R O Z R B M M L R T Y F O
Q H T Y S P A P Q L D Y A Q X O E A A T R F
T I O W T T L W X F I M P V W C R V G A O K
O G R S M S Z Z K A E J U W Z K S O F K M A
O L Q L L O N E L Y T R A I L R Q F L E L T
Y E L L A V W O B N I A R R J A D N A S O I
P V W F R D O M Y D H I J B E D B J R A U E
R T K I N G O F T H E P E C O S A W Y C I E
D N A L E T S A W E H T F O S D N I W H S L
M J M J T A L L I N T H E S A D D L E A I D
U E I F H B O R N T O T H E W E S T T N A E
P T U B K I N O L D O K L A H O M A M C N R
D E T A E F E D N U K D P Q Y V X Z S E A N
```

```
S C F B F C Z O M S V W J R C H R S A S L N
Q V L N C A B M R C S X O G H R E H W C A A
E P F I L O L E K O L J A V I C D O A O H S M
U K W E L T H C K L O I Y E S I R O R W S A D
Q V X I J R S G V F T D N N U N I T W B R A B
W Z I J R T R U E G R I T T M M V I A O M E
G R N A G N K G I R M R H C O N E S G Y M E H
R D E K J I B H C B E Z J L O C R T O S E H T
M S E H G T B L L D H P F O C G K O D N F U T
S H E W O R E A Y E L L O W R I B B O N L D
D L Y H W P Q X B H E R O D A R O D L E L I N A
U X Y S Z R V Q T Y K A L Q J C M D I M I L
T S A O C Y R A B R A B F O E M A L F Y H L
C O N Y A J T R A I N R O B B E R S N O A E
L P N V Z D N O R T H T O A L A S K A B C N
E H C A P A T R O F H B Z H E M N Q S S U N A
B T T K H K E G R N G Z U M Q G Z H B L H A
```

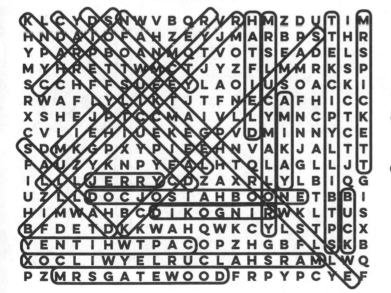

PAGE 39

```
E H K E R F K N M W D X D O E H S Z R Q H O
J P C O O S R C O I N D I A N Y R O T S R W
C A A O J U P R M U R D E R E R D A M R O N
F D T J B O R E N C G I N T E R F E R E O G L
A L J G O O D N A S N J T N K C Z Q M I S W
O I O J M N P L U F I X V Z Y B J O V T T N
T C M O D W H A B R N T A E L G M I Y Q E A
U O T S P Z L Q C M R C M G E X L G Q K R C
C X G O Q H R X L Z U O I H I F S R E V I R H
V O V E C O S N T B M S X S F S G H X Z H A
E Q U A T B O L A H S R A M E B O G P J N
T A T R Z H K T S J C Q Y O E N Q Y L S S E
U C E Y T B E X P R J O I M Y I W I B X B Y
H L B K H V Y R I R Z T K G E S X D T F D E
Q S R U N F X H T R A C I T C U R E Y W A L
L V G A N B F O F N K B M D W B K N E K Y Q
O I G T R F D L N X W L H O F R D M Y B K S
```

PAGE 41

```
J Z N J J M D B D C L B T U J R A N C V K A
O W H O A A H J E L N A G U D L E A H C I M
R A G A N H O J M A T B P N O J W M I G N R
E M B N R A M E A V S C Y A A A R W E T R C
L I K N D R O F S I I C N A R F A T O F H Z U
Y Q U E F G Y H A C H Y T R Y A R B J L L R
T J B D H D J C L T N H A H N G D Y O B E D
M O I R A E A I A O U N Y D E E T D H N E O
O H L U R R F V S R K K E S M C S U N X B X
T N L G O F Z N S M E R K I M F T R B C R T
A W Y N L K H H C C D Y T P A U L F I X A H
P A J Y X O I G G L E W J W G F L Y G U D L
K Y O E J E R Y I A T H Q R P S A X T O L U
A N N N L A L M G G R Y B B I L D E R F E S
S E E D T Y T L S L F R E D K E N N E D Y Z
D B S H M A E T G E O R G E O B R I E N N
A N O B L E J O H N S O N U T T C B S X U Z
```

PAGE 43

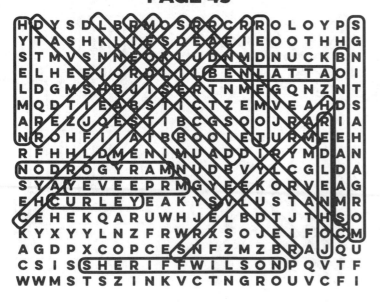

```
H D Y S D L B P M O S P C R R O L O Y P S
Y T A S H K L I E S D E A E I E O O T H H G
S T M V S N N E O L U D N M D N U C K B N
E L H E F I O R D L B E N L A T T A O I
L D G M S P B J I S E R T N M E G Q N Z N T
M Q D T I E A B S T I C T Z E M V E A H D S
A R E Z J O E S T I B C G S O O J R A R I A
N R O H F I I A T B B O O E T U R M E E H
R F H H L D M E N I M U A D D I R Y M D A N
N O D R O G Y R A M U D B V Y L C G L D A
S Y A Y E V E E P R M G Y E E K O R V E A G
E H C U R L E Y E A K Y S V L U S T A N M R
C E H E K Q A R U W H J E L B D T J T H S O
K Y X Y Y L N Z F R W R X S O J E I F O C M
A G D P X C O P C E S N F Z M Z B R A J Q U
C S I S S H E R I F F W I L S O N P Q V T F
W W M S T S Z I N K V C T N G R O U V C F I
```

PAGE 45

```
M R Z V U L C O G K D G E U O T L P B M Z F
A S K T O U V M Q N N H O B P R L C K W Y H
G N K M K E B J O E U N L I A D C D T J A
U U Y P S R B G X A O Y R O X M L B V F N C
E X N T O T R O U B L E R D B S T I F A U B
X I F T H X P M C I A D K T A O C I W O X
P B H J E I R E T O E W P Z D N D G E T U K
F E D H A F N V Z A R E R G U O H V T N P
I J H J K W L O O S H A E I P T E E A O G E
L E E C C S K Z A O O E R A T H L V E T U
J X U L M S O T N H E M U I E I P U G G K B
U V K I T S C L I U D T E Y N P D C W D M W
P E Z U T O H S S U G A D O Q S T W T I F C
L J M R A L L O D Y Q Q Y Y N L V T S S K F
B P W A C C I D E N T A L L Y E S E E N K T
Y Q F A N W F G G T Q Z L J R O U A Q D W U
```

PAGE 47

PAGE 49

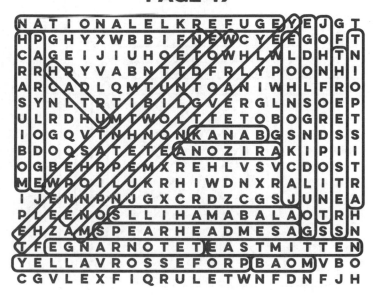

PAGE 53

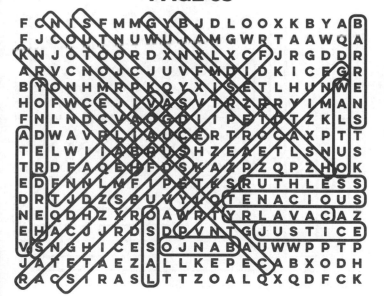

PAGE 55

```
C K J E R R Y G A T L I N J U B E S X K R S
G D A E N Y A W N H O J C V I U R M P K I M
A K C T N T P A U L K O S L O E U V S A C L
E K E Q H R C I O G F K H H D O K T T A H N
G E N E R A L S T E R L I N G P R I C E A A
T H L Y R L R Y Y H F P A M C O H J H P R D
O C H C U C Y I E Q Y V X T T G T A U P D R
M F H D N M Y X N N N D F H D N I C C T R O
M D J C L Y X N E X I O E V Z A M K K Z O J
Y V L O C R P A R E H R O A E N S C H M M D
L C U K W A E R E N M E P Y B G E O A E A R
E L G Z Q G A N T A L R P W O C N L Y L N A
E K U H L W U O R H V S O B E S A V W G C H
Q L L S Y Z Y T X L N G S L U R L I A C I C
N T R E B L I G Y E K C I M R D N R M T I
A N T H O N Y Z E R B E O D T O N N D I O R
W D E R I T N I C M N H O J P M J F A P X R
```

```
M A A M H M L D Z M Q L H M W Z H C I R X E
L N F E F M A A X O Q U B B R N T Y M D C H
E L B U O R T B W R R Q U U M P R Y C I A T
R O N R E V O G O T V D P T W O I U J Z B U
G J C L I D N W R H Q T J E T P T R L N Z O
J O C U E T A M L L G W S I C H Y E A R S M
E T O S T F V Y D E W R R O B P H E L L D H
H E U D C T H Z L S A R H E E S I D R K M Y
F A N M U D D F B S E M R F X C O L D C T G
C S T W L Y T R L T W T B E O B I P G N I M
X W K W L B W E L K I L L E D R D M R R B Z
X F L C A R X P H Z O E Y S D G T R E O I R
G N I N R O M M B E L T Z H F T D Y E N P M
X F F L L W A E G Q M M W V E C H Z P H I E
K O J W K C O T D H L K Y A C K M I R L L K
T M P J B G I E S G U V V Y Y T G M C H V G
O W Y E R H P M U H O T N E M E G D U J A Q
```

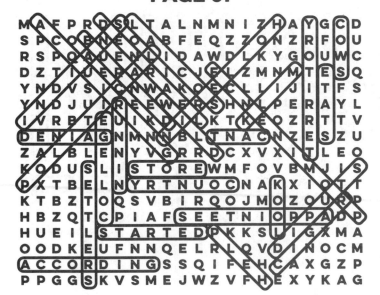

```
M A F P R D S L T A L N M N I Z H A Y G C D
S P C O E N E O A B F E Q Z Z O N Z R F O U
R S P O Q U E N L I D A W D L K Y G O U W C
D Z T I U E P A R I C J E L Z M N M T E S Q
Y N D V S I C M W A K O E C L L I J I T F S
Y N D J U I R E E W E R S H N L P E R A Y L
I V R B T E U I K D I L K T K E O Z R T T V
D E N I A G N M N N B L T N A C N Z E S Z U
Z A L B L E N Y V G R R D C X V X I T L E O
K O D U S L I S T O R E W M F O V B M J I S
P X T B E L N Y R T N U O C N A K X I O T T
K T B Z T O Q S V B I R Q O J M O Z O U R P
H B Z Q T C P I A F S E E T N I O P P A D P
H U E I L S T A R T E D P K K S L I G X M A
O O D K E U F N N Q E L R L O V D I N O C M
A C C O R D I N G S S Q I F E H C A X G Z P
P P G G S K V S M E J W Z V F H E X Y K A G
```

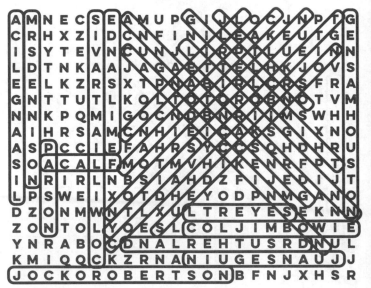

```
A M N E C S E A M U P G I J L O C J N P T G
C R H X Z I D C N F I N I L E A K E U T G E
I S Y T E V N C U N I L R P D I L U E I N N
L D T N K A A J A G A E T T E L H K J O V S
E E L K Z R S X T P N A B R O B I N O T V M
G N T T U T L K O L T O R O B N M I S W H H
N N K P Q M I G O C N D E R I X K A C I X N
A I H R S A M C N H I E I C A R S G I X N O
S O P C C I E F A H R S Y C S C H D H R U
I N R I R L N B S I A H D Z F I J E D I T
L P S W E I X O D H E Y O D P N M G A N O
D Z O N M W N T L X U L T R E Y E S E K N N
Z O N T O L Y O E S L C O L J I M B O W I E
Y N R A B O C D N A L R E H T U S R D N U L
K M I Q Q C K Z R N A N I U G E S N A U J J
J O C K O R O B E R T S O N B F N J X H S R
```

PAGE 65

PAGE 67

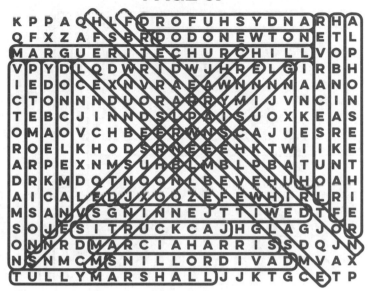

PAGE 69

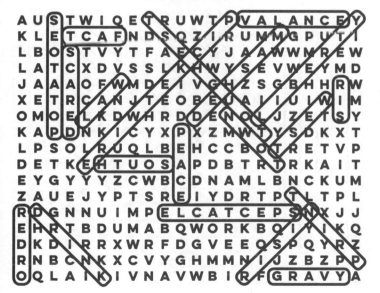

PAGE 71

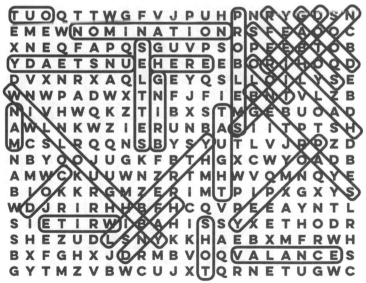

PAGE 73

```
H O N D O J E F F R I E S S N U Y R H A R R
E P W A R D W I T H E R S O C N E O T C W P
C N Q R D W P C A Y H E S J O F L L R Q B K
L F S S B X E R H J V L E S R I D Y O D V C
J R Q Y O H R H D T E Y R U P K A A W L T H
B A X W L G V R P N R A P E L I R T S A Q W
V O T N B L M G W Y C O N U J Y B E A R U V
E L B M N A A S P K L E W Y W A N N M E I F
K C O T N I L C C M L A H S R A M I O D R S
W A W G O B P I C O T B J O R N I T H O T F
D M R I S T R Z P M H T Y N R M W S T S E Z
N A G P O E G E Y X X J W J Z I Y T V A J
M Q A O D K W B I F W D P H X I B R R E A J
E S H E J O H T R O W Y N N H O J H H V N R
U R R T R E B C H N H W U A S V B C Z E S C
A F S T N G J M G I U M Q J R M H Q B N Q M
Q S H L A E N A L I L Q V W L L N R Q S G A
```

PAGE 75

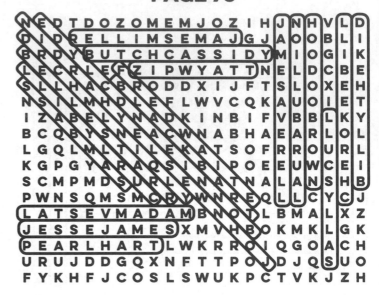

```
N E D T D O Z O M E M J O Z I H J N H V L D
D I D R E L L I M S E M A J G J A O O B L I
B R D Y B U T C H C A S S I D Y M I O G I K
L E C R L E F Z I P W Y A T T N E L D C B E
S L L H A C B R O D D X I J F T S L O X E H
N S I L M H D L E F L W V C Q K A U O I E T
I Z A B E L Y N A D K I N B I F V B B L K Y
B C Q B Y S N E A C W N A B H A E A R L O L
L G Q L M L T I L E K A T S E F R R O U R L
K G P G Y A R A Q S I B I P O E E U W C E I
S C M P M D S U R L E N A T N A L A N S H B
P W N S Q M S M C R Y W N R E Q L L C Y C J
L A T S E V M A D A M B N O T L B M A L X Z
J E S S E J A M E S X M V H B O K M K L G K
P E A R L H A R T L W K R R O I Q G O A C H
U R U J D D G Q X N F T T P O J D J Q S U O
F Y K H F J C O S L S W U K P C T V K J Z H
```

PAGE 79

```
N R A G A N H O J H P G W N N V L E K J I G
L E Z Y Q T A H A D R L R O O H B X C F D E
D U L I O N I N D A Z E L S D C F W I N S O
Y A E G N K V N P F Y D U R B O J N E K R G
G K N A A M O T O H J D G O S I F N X M G E
K U L N O I W F E V O G R R R G V R K E L A E
D E X P R Y I C I S H I R L E Y T E M P L E
E R D K T B K M X I F D X F R W N O K C H B
H E B H I P O W R V C T Y K A A E I C L S R I
N O E C I B A R M O J N X N M R R C A I R I
W R L L A Y B Z Z V T X A A A D I D J F A E
S W I J N Y M E W A R C P R F B C R J F M N
D H X E F H I T E L G N I F F O H U A C E D
P L J A N E C R O W L E Y V R N W F G L A F
L A K Z I R A D N E M R A O R D E P H A M Z
E K Y H Y A R N A L C N I L E U G I M R J U
A D N O F Y R N E H D I C K F O R A N K E L
```

PAGE 81

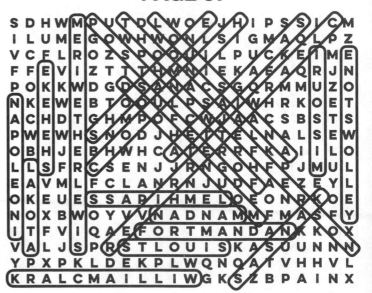

```
S D H W M P U T D L W O E J H I P S S I C M
I L U M E G O W H W O N L S I G M A O L P Z
V C F L R O Z S P O O I L P U C K E I M E
F F E V I Z T T T H U I E K A E A R J N O
P O K K W D G D S A N A C S G O R M M U Z O T
N K E W E B T O O U L P S A I W H R K O E T S
A C H D T G H M P O F C W I A A C S B S T E W
P W E W H S N O D J H E P T E L N A L S E O L
O B H J E B H W H C A P E R R F K A I I L E
L A V M L F C L A N R N J U D F A E Z E Y L
O K E U E S S A R I H M E L O E O N R K O
N O X B W O Y V V N A D N A M M F M A S F Y
I T F V I Q A E F O R T M A N D A N K K O X
V A L J S P R S T L O U I S K A S U U N N
Y P X P K L D E K P L W Q N O A T V H H V L
K R A L C M A I L L I W G K S Z B P A I N X
```

PAGE 83

PAGE 85

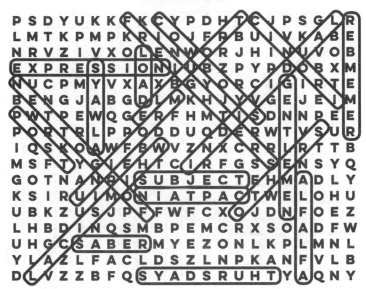

PAGE 87

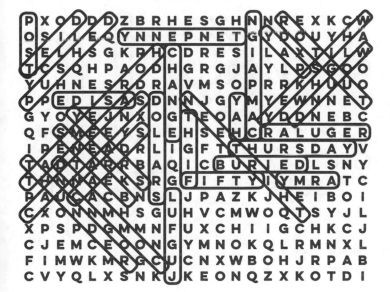

PAGE 89

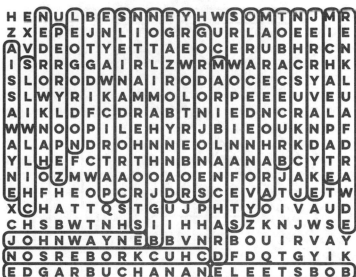

PAGE 91

```
E L L I V T T E K C A R B R E P U B L I C C C
D E C J M W C A O L B J E A K N I M U B O M
A S G Z C C L S P X D H B Y A X O R W L D E
L D Y E T G O E U B Q U U W D T W N O A P R
L E Y J I A L L P N Q D X Q H H A N N Q S Y
A P R O X S Q D Q L U J B D D M E O Q A C M
S Y D Q W D W T Y C U C Z D P L A E Q C C N
W I L L I A M B A R R E T T R A V I S E O J
J I M B O W I E V E S Q Z R M V C G E I U A
T S P W Z P U F F A C R D U R Q F U T A B N
X D E P R E E S S E N N E T S K P U N H A N
Y G S X T T E K C O R C Y V A D L S M O Y A
V S A N A N T O N I O T S J D O E E O U O A
L A S T S T A N D H L E V B V G X M E S N T
S I E W M O W V V F H X R E U I K K F T E N
V O L P G X Y V N F T A R I C K C T L O T A
Q U R X V O Q J N N Y S N O J E D P D N X S
```

PAGE 93

```
W T N J N O I S S I M L V A Q R O J H A E W
S U S A N N A D I C K I N S O N A O L J P I
M H O M S N R L L A C L F H P M Y M L H A L
Y R R E F G R U B H C N Y L E J A H N T R L
R O O S N Q S F M O D S Y S N R T O T I C I
H Y H B W Z A D O R A F I O I S E N M S Y M
G W M U X H S D R I S A X N W E H O T S Y M
O C D T G W D K R E N E D I M F T V B Y A W
N G C L V I T M C N O I X S A X S X S Y R W A
Z D F E O L I F I A C A J R U G S D S N A R
A M X R U S O N V K J N D O O G B V L E N D
L J M B H V G N I H E W H L U S N U S H U P
E Y N O S G M N R E A M E K O D E I R N R G
S N S N K C S U R O A B U R Y S P O T N S C
Q G L H U O A G Z S Y N J R D Z H R C S E V
O S W A N H I S R E D L C T I N S H N M U T
Q T N M J O H N N Y C A S H E V A V U D B A
```

PAGE 95

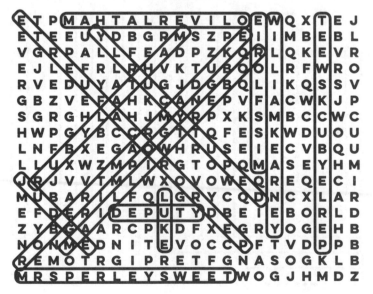

```
E T P M A H T A L R E V I L O E W Q X T E J
E T E E U Y D B G R M S Z P E I I M B E B L
V G R P A L L F E A D P Z K O L Q K E V R
E J L E F R L P H V K T U B O O L R F W R O
R V E D U Y A T U G J D G B Q L I K Q S S V
G B Z V E F A H K C A N E P V F A C W K J P
S G R G H L A H J M R P X K S M B C C W C
H W P G Y B C C R G I T Q F E S K W D U O U
L N F B X E G A O W H R U S E I I E C V B Q U
L L U X W Z M P I R G T O P O M A S E Y H M
J R J V V T M L W X O V O W E Q R E Q E C I
M U B A R I L F Q L G R Y C Q D N C X L A R
E F D E R I D E P U T Y D B E I E B O R L D
Z Y B G A A R C P K D F X E G R Y O G E H B
N O N M E D N I T E V O C C P F T V D P P B
R E M O T R G I P R E T F G N A S O G K L B
M R S P E R L E Y S W E E T W O G J H M D Z
```

PAGE 97

```
X O T K P Z C J A P T O V H N E M X N S R D
D O Q H X R P P R I H V Q P L C A F R R B H
F U Q F X U E E O A P R T L T N R O N J F G
A T O K A L T P W O P U K A A C M U V N R
C W H V G T S A S D S B N U K D U B O Q U K
G X B W Y M R T X U G C I H W N S E H X W R
M E P N B A U O R N C E O U U R B L Q J S
T W O M O O N A I I T A M U I S E E A M Z V
C S L G Z U R T W Y A A E J T L N E C O U E
E A B A I I T U V C I X T G D S O N S N K Y
R N V A K I M C R A Z Y H O R S E W E T Z B
T X N A S L L A G F E I H C K O T A M A W J
H P R E L U J Z I G X E L T S A E P A N W N
M A E Y Y R A Y A U X T W Y H P D G J A U F
S V U G M E Y W O T K G D N W Z C O A A W U
R I V E R X H I T Q R A G R L L C J W U R W
V A T I P F S C X F E G T B S M X G K Z R G
```

PAGE 101

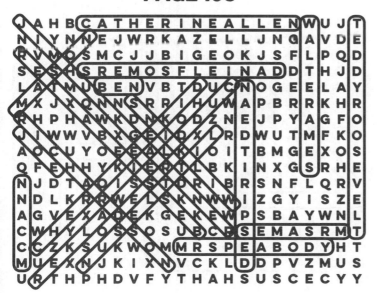

PAGE 103

PAGE 105

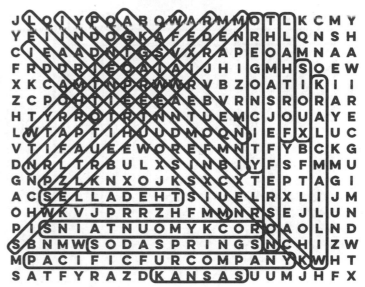

PAGE 107

PAGE 109

```
T B L Y R O N A I G C H Z R L N M W I S D T
R M X E R O P E U Q A B A Z O A A N E A D E
L Y E E E B L Y A R X L W C G G R U N V Z T
I E A C A M R Y R O I B N H Z I I W Y I J T
J T I A N A E Y A U P U K E C L A D A R S C
Z O A R Y I C R G T F I O B L N O W S C R
K Y H M B A V A I R B K E F X U M N N O M G
C A O N R A O L O W B U D N X M C C H L Y M
J N C E A I G T E T E R D K Y D C O O R P N
D B Y A N G C N R A T T U L R R A L J A A L
N J D O V I A P A J H U H C N A R L X C U Q
R S T W V T Q R G M Y C U E E H G I J L V
M N B E N J O H N S O N I C R C O E Q Z F J
A N O S D U H K C O R R M M H I A R T G I R
N A M K C E B Y R N E H Q G N R O B T R X J
R O Y A L D A N O H G E H A E A L T O B B B
E D W A R D F A U L K N E R E A J P K T P Q
```

PAGE 111

```
H A Y K D F P H I Y Y V C L G U W P M W X V
X J I E R K U Q S R K A K I S G W N A P T O
P S T V E N J W T L O C K T E M A C R T N V
Y O T D S J A V L D D S A H F I D A T G E B
N N G E S R E T N A C L E G R L S D I J I L
C E O J A I X O D B L W R T O D Z E N M V P
H V A P G F C D Y I K S U F K N N G H S P
R Y R R E H I I O F L E H V P E C A B N H
L R N R S S W N D Y U C S L S H L E L Y V P
V Q I O M I S Z N O P J F N Q P D L E D I E
O X V O E Y D K E P L R R N T S U O Y F J L
Z F U Q O R C E S A D D L E R Q R R J Z I E
A N F M S B A K M F V O V Z P M R Y H R M Q
T C X S B N M M E A U A P F K Z M F P B P C
G J A C I T I R Z B R I D L E U L Q D K Q G
B O N Q X D D E Q C K I I J Y E R A E B M L
Q S R R S H E V R U V U S P U R R I T S H A
```

PAGE 113

```
S I F A P F Y D S Y Y Z N H I G T O L D S X
S H I R L E Y J E A N R I C K E R T L S F G
B I K M A Y I S N X G T B R E O T E E O X C
P I D C X N L E P S T S H K R R F F W H L S
R Y L R A I X Z M U V I U O I G D A K Z W Y
U E I L W H C H N M L M G N W E W M C Z V E
W Z S Y Y E N A A I J E H U D M U R O F Z D
P I A A H F C A D O Y P D L O R J R Q I D
T J J T R A P W R L H A M R R B W K C A I
L E V C M E I A G R W C Q F A R N A C B Q E
L X X I P E L E N G E F R D E E W D A H P A
Y A H P H A H R R E Y T Z R N L B M S L B R
Y B E V Y E A Y O R E M O P N E L L A B E K
I R F E R A L G M V A R T I E O R T E G O E
S V S U D O G P J O H N W A Y N E U B P R
P Q S I T Q T M S T L Y R R E T A L I E H S
```

PAGE 115

```
I R R T O T D G D X N H R S O Z B C K W H V
N D A D N J R N G O H E R G W Q V J O S L J
C O O T P A O I A L Y X N C K R F P T X O
O E I B T S S T I U A J O S I N I T T I P S N
S F T T U L A A S B J U K D I T B J Z D O I
P H B O A I E E P L N G R A R Y C G H K I T
G T H M C S I S B L A E G A R E A S V O F L
U T E O A I R G N Q P H E M K W K H Z F E A
V A S G O E B E G A B N S P L A T T E R W L
N S L N R G J Y V L K M T F E R P U A G I U
A V J Y K O I L T N G E I E H D S T M P W M
E C N E R E F F I D O C O K D S T R S Q G I
P A T C H Y J S J G Z C N I O L S X B F Z T
P O E Z A J U G G T H R V R E A D V V W I S
Z E U E E U T Z R V C T C R Q D L K S B H G
C G I N T E R E S T I N G X Y M X Y M L O P
W P R R M C D P D I F O W S S I E F G Y S M
```

PAGE 117

```
Q R J N P N E A O J D R D T B I R I T Y Y D
S O E G Z E I V I U E J I V J P N Y H G U C
N O I C G L H H D N T X S Z V I B X F T E Z
F P R D O A F T M S G T C I C P U Y R L O
Z M U D N D I M Y E S A N E V E R T B Y O
X J S G Y O C J B Z R N S A J Y V A Y H M M
I G E L N S A I C E R R T E K B I E Z L G F
A D K B M M E S L L A U E L V N M B O U P I
L L E F J O C R I O T F P L I T N U O C R
D U E L I N G E A M A P U Y R T L B R R E
J X W L N S I N Y P H T L S T O V N E S E R
K L P N S V P U H O R A I W P T C O E N B Y
I H C K U A I N M A J V R O G J Y E B C B L
L K R O C L P E C D V V I M N B P X E C N P
L F B M G U N J N A V V E F C U N X F D G I
E A Y O W G L A I A V P Z X O M I F Z J H U
D C T L D O O G T D L L A F T H G I N B O R
```

PAGE 119

```
J E K S Z D H A N K W O R D E N C R M H R G
N O N P I D O S E N Y A W N H O J A A C E R
K Z H O M V E N R X X E D O I E T G U A N E
J K T N O S A A E E O S H S T U T A R E R G
K J D K D B O D M P P I V K O T Y N E R A G
T I H L L O D E M S P A W M E H T H E C W P
C M B F S U U R M I M E C B P S N O N T T A
F I B U F M B K C A R J I R A N N J J O T R L
M U H C T I M R E H P O T S I R H C H E E M
O R H P L D A K M T C T M H O N J J A R B E
Q K Y S U S L Z Z N T I P K Y N I M R E O R
Z W W D D A I F N H F E R Q R C O G A V R P
C Z Q F W Z M E B R U C E C A B O T R E W X
F E C L M S L E N Y A W K C I R T A P I D X
Y U L P R G B O B B Y V I N T O N T N M V D
N I L T A G Y R R E J E N Y A W N A H T E E
B E H A R R Y C A R E Y J R K I M B A R K V
```

PAGE 121

```
G O A R B O C M Z W C C M T P E B S B U H B
H T B T V B H N Z H D A N A V L T C O E Q R
S E T T K T M D A W V A L X U O B H S T Q I
W I E S S X O R R E G W N C V R I U A B T C
B Z X L W U R R O E V H G M K S C L F A C
Z E C Z E O J J D O I F J L I H K A M R H
E Q Y T A R C R E T T I R C F E O W D C X I
A I F J L K S O R E D A P A T O R A M U T N
E F N R S W Y G I X R B H C R C U G E M D Z
L V S R A M G C N Z P U L A R D E O D I P E
Z D I D L Z F T F T Y Q K W S U L N N I K X
N S D R U A N P A J G C Y H O K U P A J Z E
K L F U D X N Z T U U K B A S N R R I E P
E I Z O L Q R D K B G N T H V Q U O B O L S
H D A M W S Z N V F P A K X X C U R W L D Z
K F S X B I H P X Y R G S W P W F I U O O U
Z T M T I I H V T F J U O Y Z N R B Y B F A
```

PAGE 123

```
W Z G E W I S G J J A X L H E C Y L J Y D
N G J R A E A O I R E L W L A W S F U A A L
B I F G B R H A T J O O M E L O E Y A C K N
R X A R E N I H Y S A A W T H U Z S K I T
E E Z W O E D D K H W E K A Y Q N J E M M
O X M A G O P W N A C L C L L S B L V A Q
C B Y L R D H G U I N U S O I L E W A A C F
R N N T A I N D E I R P J R A A Y V I N A P
E I E J T D L O N V E I K F W A S M S N D
B G M L X I X H D C O T Y C E B H B T N U Y
A Y O X H Y O E H R F R J A R A E V Q J T M
K C J P B J C S T C O E R J R C G D T G O X
K T O M M Y C O A T S G O E O A R T G O X
R E F F E I K P I L I H P F L S O G C E C M
J U L I E K I N G D O N M V Z L E I S K X C
R E K R A P E I D D E C G R A S G J M M A X
B A R B A R A S H E L D O N U V H G S P T X
```

PAGE 127

PAGE 129

PAGE 131

PAGE 133

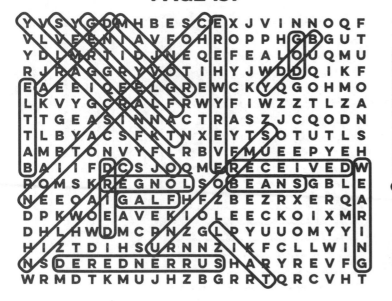

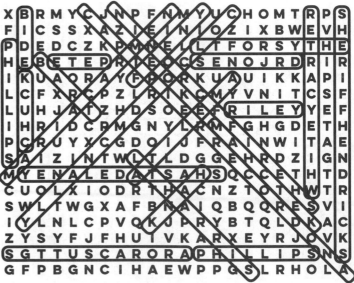

PAGE 135

```
F A R E G O L U S A M U E L B R A N N A N S
O I G S I T I L Q A B O C U U C D G D W E K
R N Q N N P U L W P N X T X P E X A B C G M
T R A E H Y U A D B M F X H E E M W R X V A
Y O G C B A W H N C R W P P E E K O N G X R
N F G I M Z B S H O W L L A S P E A N D C K
I I E L U Y A R R R G E N H C L I P D W T
N L Q N Q D X A U S A R I P I C N O L I N W
E A R Y I C V M E D Z R A N Q I D D L K A
R C V O I G K W S K L O O L M C O S R E R I
S P C G N M N S M E F T O Y U P L A C E R
O X V L Y I H E Y F C Q K X F G S W P O V K
P J E R E M M M M E T A T S N E D L O G B L
V D F U P Q L A T A W R E T T A U Q S D Z S
N E E S C A D J O T E M Q R O H N X D A L W
J O H N S U T T E R B T L A L F C N B L U S
B B H O U G T D I U V B S E T R A H T E R B
```

PAGE 137

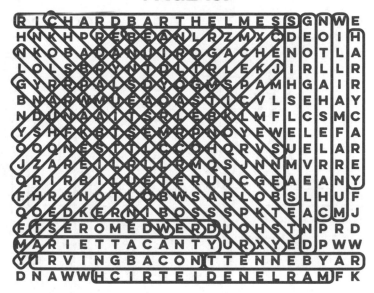

PAGE 139

```
A G Q Y V J Z J T J X Y E V J E Q C X X H E
T C S S R A L L O D F O L U F T S I F R I C
G D P I K D I E T A G S N E V A E H F B G N
V Y Y A N D T H E U G L Y M V X M Z P U H E
N O C O U N T R Y F O R O L D M E N D T P L
V S B B K F A A D F Q Q D Z K O E Q E C L I A
D C K S E U D Z G D V G I I C I B O F H A S
T H E M A G N I F I C E N T S E V E N C I T
P L Z Q K Y C F R M N E J N C T S R Y A N A
G Y I G Z H Z L O F I Z E Q A O F Y T S S E
Z E F Q K B I F E R I B X T A M D I T S D R
D E N I A H C N U O G N A J D B D J B I R G
B I L L Y T H E K I D W S I S C A I D I E
H C A O C E G A T S N J V U E T O U E Y F H
T I R G E U R T H P T A J E D O D I L D T T
I N N X W L K R U J V A Z D N N P T A R E F
B L A Z I N G S A D D L E S J E C Z A U R H
```

PAGE 141

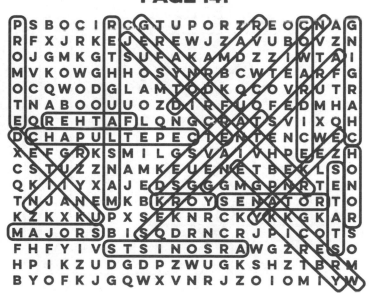

PAGE 143

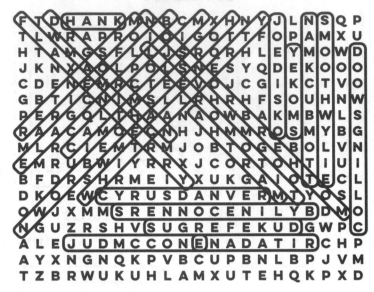

```
T T W I Z T I D Y P R O M I S E D Z C T O R
Z N O H Z H O T L Y V V L K C I F I L F A U
R U E R E B Q I L O X B K P J J T V O T L M
N O A M T E Y W A R A W R L T A O M I J V O
T C R K T U L M N Q A O P R M A M O E M H N
J B C R N R R Y O R T Y T O F H N Y D C L I
H G P X J P A E S B F T L X V S F B N O C K
L T E A G O L P R B R P A B N S D O A A I K
J X B Q C O Q C E T I E Z U O V R U R L W R
A U O J R E O Y P D H I D R N B P J G Y U I
W N R D Z F Y O K C N G D N A X A T E J G S
X X E G W R D J A I D E P O Y W Z R C V C S
T R E S E D V P D D Y D K T P V W A G O N U
A X F E K Q A L K J Z E E O J L O C R A J E
Q M W Z F D E L G A E D A E R P S K M S G L
A S N A L I Q F Q Y I P E G T B Q E M L G Z
N R U B Q L D D Q Q M R Q A H Q W D I K I V
```

PAGE 145

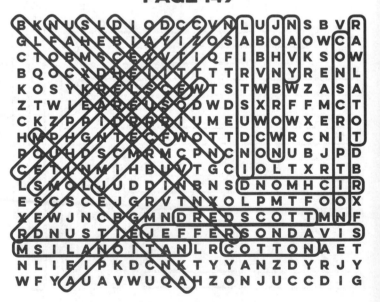

```
F T D H A N K M N B C M X H N Y J L N S Q P
T L W R A P R O I O I G O T T F O P A M X U
H T A M G S F L L J S R O R H L E Y M O W D
J K N X M O L P O L S N E S Y Q D E K O O O
C D E N E M P C T E E V O J C G I K C T V O
G B T I C N M S L L R H R H F S O U H N W S
P E R G O L T H A A N A O W B A K M B W L G
R A A C A M O E C N H J M M R O S M Y B N I
M L R C I E M T R M J O B T O G E B O L I U
E M R U B W I Y R R X J C O R T O H T I U C
B F D R S H R M E I Y X U K G A I O T E C L
D K O E W C Y R U S D A N V E R M T Y O S L
O W J X M M S R E N N O C E N I L Y B D M O
N G U Z R S H V S U G R E F E K U D G W P C
A L E J U D M C C O N E N A D A T I R C H P
A Y X N G N Q K P V B C U P B N L B P J V M
T Z B R W U K U H L A M X U T E H Q K P X D
```

PAGE 147

```
Q R S W J R E T M U S T R O F Z N W A N N Y
D S J T K P P N V Q L Y U P K Z G O B O V R
M A R N O L R I F L M P N O Q I H E R I X T
S Y I G E N C T A N G O T A U S S T A T C N
O T I L R H E B N E E C B N B E H T H A R A
U R R E G U J W I A E U C N R Z S C A P O F
T M O N R F B T A R P L N C O I Q F M I B N
H J Y B O A Y S S I B G A I N T Y E L C E I
G F N D E S C K T S S O Z X R I N A R O H L
G F N R B R D F O C G J I S V N L V N A T H
L A F U Y J T M T A T A R E Z E Y C M E J
C L R K L V S G M O V N C W S K O E L G
D G K J Y C O Y S L R O O V K U S D L I E L
N O I T A N A F O H T R I B J S L Y N T E F
Z A Q B Z U J B S L A V E R Y U O E L P H A
K Z I U W I A E T S U W F M E X S N V U V Z
K N D B A G B F D R C O N F E D E R A C Y V
```

PAGE 149

```
B K N U S L D I O D C C V N L U J N S B V R
G L F A H E B I A Y I Z O S A B O A O W C A
C T O B M S C E V T I Q F I B H V K S O W L
K O S Y K R E L S G E W T S T W B W Z A S A
Z T W I E A R E U S O D W D S X R F F M C T
C K Z P H I D R R I U M E U W O W X E R O T
H M P H G N T E C F W O T T D C W R C N I T
R O U H D S C M R M C P N C N O N U B J P D
C E T K N M I H B U V T G C I O L T X R T B
L S M O L J U D D I N B S D N O M H C I R
E S C S E J G R V T N X Y O L P M T F O O X
X E W J N C B G M N D R E D S C O T T M N F
R D N U S T I E J E F F E R S O N D A V I S
M S I L A N O I T A N L R C O T T O N A E T
N L I E I P K D C N K T Y Y A N Z D Y R J Y
W F Y A U A V W U Q A H Z O N J U C C D I G
```

PAGE 153

PAGE 155

PAGE 157

PAGE 159

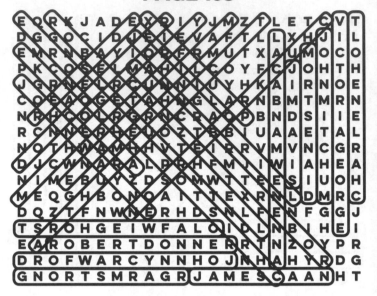

PAGE 161

```
G L M O W W J T S J H N Q Z C N T Y L S C W
V N F N R I V G O D K V A R O O A S P A H C
F R I N G E N E S O S A H Q R U H I A R D L
O R N I Y I P P O V B J U V S J R M Q V T F
G Z R L K D U B O M N Y S R E M E G U O S P
U B F C M R R E M E O T O H T Z L I S W M F
C E O B S K T O S O B Y A B A X W N L K T U
E T K T X T R T I O S I J A W P O G O H N U
S D E N I M O V E R A L L S B O B H U C T H
D F N C R N W N R D I M S A I T C A C E Q T
Y M O P E C S N O S T E T S N B N M H I F Y
T A X S L V H Q H M B O S M O A H D H T P Y
T S E L K C U B T L E B O K D F T R A O M W
W U E N M E Q Y P B M Z Z N I N O E T L S D
H P W V G F E J K M U N A M C R H S W O D
V X F K I H M J M C S B D B Z H T S P B G V
R R M R O U D B L H M O P D K V O E R J R T
```

PAGE 163

```
E Q R K J A D E X R I J M Z T L E T C V T
D G G O C I D U E I E V A F T L L X H J I L
E M R N B A Y I O P F R M U T X A U M O C O
P K C O S E L M A H L C O Y F C J O H T H E
J G P N E L P C U N N I U Y H K A I R N O E
C O E A O G E S T A H G L A R N B M T M R N
N R H C O L P G R N C R A O P B N D S I I E
R C N N E R E U O Z T E B I U A A E T A L L
N O T H W A M H H V L P R V M V N C G R A R
D J C W N A R A L P H E M I I W I A H E A H
N I M E B U Y E D S O M W T T E E S I U O H C
M E Q H B O N O A I T T E X R N L D M R C
D Q Z T F N W N E R H D S M L F E N F G G J
T S R O H G E I W F A L O I D L N B I H E I
E A R O B E R T D O N N E R R I N Z O Y P R
D R O F W A R C Y N N H O J N H A H Y R D G
G N O R T S M R A G R J A M E S C A A N H T
```

PAGE 165

```
H L L W Q H Z R H C I P L L H O D X C A P F
T G I N D W G O W U R O I C R Y O L E S M O
Z A U K J M P O J S H D U E O D X Y O V V C
M Y C O E E T L L S T O A U N N X A X Y U F
S B A W N D L O T E T D R L E A W S O G M J
F P N L G E V V D S Y F I D F X D U W R W M
J V R O Q U P B P F A V T N K S E F P F Q K
B F Q N N G N R E J E I E Y F Y F L J W R R
G Q E V X P R X H R X E Y Z M G H T G C P G
O Y Z X T E D U E Z T R C S D C Z M N D P L
U P H F G S Q F M E G C X G E Q L O J K F O
N Y O I W J I E T P B O Y N B D K Y R V B N
H Z A G H G T S H A Y K O L Z Z X R B R I G
L G A C M M O U S H H Z I L F M J H T X S H
K L G H J P O F L Q G T O L D C P V Y G N A
H O M C W S X K K W D Y L Z H A Q L N T G
T Z H S A K O P M Y P Y Q H I O N S C K V L
```

PAGE 167

```
X F M J C P O O R S J H V I V Z M J X K P E
L L I O T A D O B R R W T P V B G C O O C S
I S O R T P E H U A C G P N S E P E C V R A
M L O B E C Z X L E F J R T S I F L U R N F
D M G M A D G D Q T E J Y E H B H L A I L G
Z F J T E R E C K O N O Y F G O N N A Z I W
D P F J H T J U G U U U P O M A A M P T H D
F I O U K H S T N K I G R V D J J S M P Y
D R A H T C V I B K P F T G A Y U O U B
G S U X R B D E N Q Y J O O O S C K I A X S
K Z M X P O O L Y G W Y T T T T V B B K C X
U Q O I L D Q G H D L V Y M A V T H I X Z N
V S P O F I X N X U X O G H W U Y C L Z N W
U H S D X L D L X Y H C T R K U C F L C G X
K A K B X G Q S M K P N Q E T R O R X P R S
W T L M L F F A U D X K V J E V B Q A R P W
U X N P L S N Y X X M A N Q S V G R N Y G P
```

```
N O T W E N D E J O S L L N H M J Q D U Y W
O Y T K N G Q S W H W A B T R O U J E Y Z A
S Y R I S O E S E B W X I X S O D A Y E J Q
R U N Y F L S R L Y V M R L B D G L U R O Q
A L G M O F I P E V S B I Y O F E Q R A H X
C N G L A O O R A N H C U O K I H E N C N R
E Q D S F Y L O O C Y E W I C U I K C N F J
N M I T N A O S E L V J L X O B E R E
A P O A R C C P I O I C D R W A O O R B A P
J M X R T U D O G I J N N N Y C N R V P N C
E G I G T E M G L I T E X A N J J B C W K R
I S F D G I A A R L L O I P N G O Y T P L C
L Z Y E T L H H E P L B Z C S L G N W C I Q
U B S Z D S N O S R A C Y L L I B O E N N T
J A Q D R P P C T E V Q I R Y M C T D S G M
G I D A V E C A R S O N A H O S P S O Z Z B
T Z M L U L L A B Y J O S L I P N K V U A
```

```
C G L I B W P F J Z I D T U D F E T J N Y F
Q N N K B O S W E L L N Z D H O L M O A R A
S E L V K S N E W O Y R R E P N W C H M D N
T H G I L Y E N D I S M A I L L I W N H I K
E E P R A E T T A Y W F M W C N A P H G L D
V B N O S N H O J N H O J E G J C A I L A A
E Y R O B E R T P I N K E R T O N T C H Y L
L N E F S S V A E V C T Q D X C I G K T L T
O N G X M F Z C B C N A X D H E R A S I Y O
N H S E T H B U L L O C K E I Y M R A L I N
G O F P T K O K W Q N Z Z C Z F S R D I N E
X J M B J D A V E A L L I S O N K E A B E X
T H G I R T R U O C M I J L R K N T M A H Z
V I J S P N P W Q E Z D C J U T F T S J N T
J O H N B A R C L A Y A R M S T R O N G H C
X H F H X S A B D Q M W G B N I K C B W O M
B W O H I L H E O D F X K S F R B D A L J L
```

```
L M S E D I P E L A C S I O C N A R F N N R
H E A W A N D A R O T H A X O E H G T O O O
J T R R V K A Y W A L S H R L T A E T S S B
O E A A G I H L H X V J M A Y D T O O I E R
H H B K F A C Q O Y B V U C N Z R C L L L T
N C J O E F R T A N Z I D T O F Z G S L L A
W A M Z G N A E O N D X I C Q T D E A E A C
A T V M O B I C T R Y Y D O I L U T N E M U
S J S M I X R A M I R O V H E J Y D N S N N
N U X Y J Y R C E A A S A L T N J N Y I E N
E O F P V I A W Z H R C R H L V S E S R L I
F M W I C I S O C T T A G A T I R M B E I N
J G O O D X Y I D C L A M R E A W S I H M G
N X R U F R R A Y R U J R E A L K F F T H H
Y M A S E T N A D S N A H T S T S L P A H A
Q L R I T A H A Y W O R T H Y C H U D C U M
C R E L L U F T E R A G R A M M J L O S L O
```

```
H X D Q F E K N N M D D L U U Q D M H U N X
T R P J I B N R C O B R M H T H S C P C V S
I C I N C E K G C R S K S N U V L A S I E S
M M A C P S L T I B D P O S M T M R L M M
S J A N O A W G A N R S E Z O P L M F U J W
M C H O S Y G T N X N H J D O K U O B C E N
I O U H D S S T C A L H O O N G E N E A S D
J Z A O D O O C W O N P U G D A Q B S L O L
O N O E E B U S R I G H B J S B E O Q L L S
B H M B Z T N G I E X I B P I X J G G E E Q
F J H P R I E K A W L M E O R G B O L N T G
I H W H A J W F C L M I B K R U Z H Z D K F
P Y X T U U C P M Q L B A M O X R H Z A C C
I F P R O S S E F O R P N J M U O Y H R U W
I A N Z T P F G E N E R A L G A G E W T A Y
C T W H J F P X K R U B D F C N P O O L E R
W O C J Y K Y N A C N U D F O B K R U Q B O
```

PAGE 179

```
O I V N U B D L J R F W O R K I N G W V G A
A I A K Y E O F Z O I A E F S F M T V C N P
J O O V B E D U S S B E L X N B J T U D I A
M O Q R A N C W C O P X H G U N B A G B L S
L T S S R S J B F N P B B T G J V E V V L D
H H I A S M O C A Y N P M G G U F W G L I U
L E R O F U T F W M K C U X B B P X M U H O
R M S E F C N T M G P E E S U S S E R D C Y
K D E W F H M Y A Y M N J Q R R A Q H N B B
W R J B F F B I Q E I O I X L K G U H J I Y
D B P G A O E Z O G V W O Z A A V S L W R K
G G M D Y B N C A G L A S T P X R S B L V G
R T O S I T Y M T Z R V H H R Y G M U T Q F
G P L V R C I A B F Z D M V Q V W W U Q J Z J
P V Q O O K Y S A K V P Y G U I H X X E N H
S L R I G X Q F R E B N D D N G A P A I J B
J J D F U U Z P W A H T M G K C M D G O O D
```

PAGE 181

```
D V H J W M Z O H H D W U P O R T S I A W B
J S B A I M S Y U L Z W I T H O U T L Y E S
G H Q P T L N F N X E K Y K B F N O X T D U
A R V Y A J J O G Q J S U L W M N J H U M I
W W W C E F H O R U N D S Y Y G B D O L T R
B P F O R F E D Y Z Z N S H Q I D N V J M G
L F D U G G O E S W D B L R O I I T E B C H
T O H P L O T T J E K W B B Y P O B X F U R
O N A J K I X H D E G P Z O Q E L P X F U A D
J D A A M R Y M E N R G O E K J E P A Z I S
U O Y O O J S T R L I G O M O S R N Z W O D
Q W V A M J K D U O B T O O O Y E B A E E X
P N G L Y V Q B S Q Q D S P Q F R K X C O T
H E H E O B T P U S M E P M A T S Y T Q H B
D P H L S T Y C T J U H C I H W N S U L Z
L N T V W Q P D O Y S T S Y T O Q N E G E L
G S S F B I F U H C T S S B K W P V C X G R
```

PAGE 183

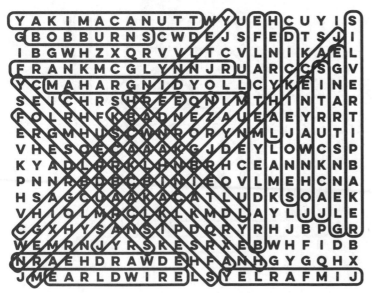

```
Y A K I M A C A N U T T W Y U E H C U Y I S
G B O B B U R N S C W D E J S F E D T S J I
I B G W H Z X Q R V V L T C V L N I K A E L
F R A N K M C G L Y N N J R U A R C C S G V
Y C M A H A R G N I D Y O L L C Y K E I N E
S E I C H R S H R E E Q N I M T H I N T A R
F O L R H F K B A D N E Z A U E A E Y R R T I
E R G M H U S C W N R O R Y N M L J A U T I
V H E S O E C A A A G J D E Y L O W C S N B
K Y A D L P R K L N E R H C E A N N K N B
P N N R E D B C E I N I E O V L M E H C N A
H S A G C U A A K A C A T L U D K S O A E K
V H I O L M P C L K L K M D A Y L J J L E
C G X H Y S A N S I P D O R Y R H J B P G R
W E M R N J Y R S K E S R X E B W H F I D B
N R A E H D R A W D E H F A N H G Y G Q H X
J M E A R L D W I R E L S Y E L R A F M I J
```

PAGE 185

```
N L K S A G D M C O A D O W P A P H I O A S
B P H G M B D G O D H T G R H E A O K I N A
O T S U H O U H L Z D A O J E T Y L V G O X
A K S A R B E N O C X B D K U G A S N A Z E
M G U A Q N A V R P A P N I A H O O A H I T
O R W F L E T D A I O J T E O D I N F X R W
D S S O C A O L D X R S G M W V H S P C A F
C A D B T V K S O V F U A E Q M H T L B A P
S P S N O G A I I N O D O V K Z E T R I X V
Y L C O D E D F O Q N E D S O T K X N O L I
Y S J N U G H V H J J H R A S A S R I P N X
F S H B H Y T W Y O M I N G N I O N N C E J
Z D B F G X U E R P D A E S X F M E J J O Y
A T M K R D O O Z K T O A Q I E R V L D C O
Y Q H I T Z S Z C N E S U L S B E A K D A V
W A S H I N G T O N Z C A G A B B D I N U L
N Z K T I P U M L E P C I H L L D A C S V K
```

PAGE 187

```
I I W T T A X H R Y M T H A I U V T T O G Y
S N A V E K C A J E A A T O R S U S T U P E
H E R M A N H A C K K K K D E V T L K K G N L
Q D D R Q U F L X O I A I Y M J M T C V O S
L A N E C H A N D L E R B M E M A I I C A A
F N H R E W D O F P S V Y P A D E I X G V E
U L S A L Y M K Z K F E D Y I C D N E K Q B
D N A L E V E L C E G R O E C T A O R X L Y
E A N P A G U S V J A E A X X R N O E K E
E N E H N P L E E W W R N D Z G U E U Y F N
K T G B O X O J D T L N L V E B V R V T G R
C U R U R G S E G D S E C H A U O G F L T A
M E O C H H P P W E H H A Z R W J Q O M I B
E U E K U X D I O P S Y I U F I N N F L F S
F C G O N U R Y X N E L L A S I R H C J B B
A C I G T E Q E C S H A N K B E L L O J I X
L X I L V S T O C C K E L P K R S A V J N W
```

PAGE 189

```
W G H I H S H E X P O J A G Z V B E J Q W F
C C T U X J D E N Y A W N H O J N J O O T H
O O J K X U O L R Y S X A M O Y O E H W W Y
C E N Y A W N H O J A O G H A H D E N K T E
N J O H N W A Y N E L W W M N M N N W T P N
K C O I U R J W T W Y W W C J K Y A W J
B K O O G Q O S X M A H A H D W T A Y G O A
Z D V E N V H T P Y O Y S B O B Y W N M W
Y S C A N O N G N J N A N G F J X E N
D U C Z A Y W E F E A A V E X I D H I N W H
N J O H N W A Y N E G J H G O S W O V Y A O
X I S N I X Y W K E N Y A W N H O J V A Y J
B M J X M G N V N J O H N W A Y N E S W N R
I D W M Y R E K Z H K M O Y N L W P B N E S
Y Z E N Y A W N H O J M X A B N K Y H G H
E A K C K N L M X F Y J E N Y A W N H O J T
G I T G O G Y G Z B K G L G R M P Q J J Z L
```

PAGE 191

```
K Z N Z E M A O R W Z W D W N Q D U K E D G
H B I K D L E D D J E H U I G R C W S T Y V
K B U C J N C F U U D D K L D D E K U D Q R
D D U O J E E O A K K X E C U U P W X T W L
G I A L V K E K S C E E B K B H K W E E D M
T E K U D U L N U D D R E F J D A E K V U D
H F K C R D U V T D Y R E F W W X U A N K B
D B H E V C V V J G Q D U K E P D Z H S E U
E C C J M L E K U D D M W F U O F R F D R G
F P D B O E J A S G T O H E E D F K E H W
E G U P L G K O D B M I D U K E H E D F G P B
Z J K G H W U M X H F N U V T U L H G O C
H O E D G K K T D W B D L D K V R O L Z T
U J J P E J E E W M S P M G E U C Y H U Z D
I W I K X M V E T L U H Y O G X F V U B U U
A L S M S F B U C I E K U D A G E Z T K H M
C B E H M O W X X V R Y R Y E G R M E B O H
```

PAGE 193

```
D W A N P I H E R O E Y T F S Z W L W A P J
R D F U R N Z A K J A C E O A E U Q T F L O
O O A S B W G J F R D R I V T A R T F I E S
F V I Z Y L K A D D H D R Y Y U K Y Y N E
R E C N E C P N M E X Y R C J K X H D M Y P
E O T W I O A R M E O H E I A N Q B A H A H
H B N G Z L U M H F S D A O R V A R U Q W W
T R A B O N E V R P H S A R W D R W O N G I
U I R R O T J E A H X M H I V A M Z F G H I
R E G W T K H G F C I L W E N E F E Q L O R
K N S M S T F U N K W I U A R M Y H H I J A
C M E X U E D W A R D L E S A I N T W N L R
A P C R A Y U Y I T R W O P W D U G Z E D
J J N G I N O C O R R A D O M T A S O J B
A N A G U G R T R E V L A C H E I M N U R Y
A B R W E H Q L L D U A R I G O I V A T C O
O C F O Z K N L W N S D M Q T D H Z R Y Q V
```

PAGE 195

```
N C B L K G N N U F D O Y C R C T P U S A R
F O N O J K M J F E G R O M G R O J H R N V
T S I L L I J P S O W X E L F U D E C C N W
Q P X N O D O W E V E R A P N I N L C G O F
G B Q R U G E Y K K I A T D N A J E H U G O
G H I K U N Z S A M H Y S C N F L W U E T L
S D T B D X N A P U U T O I T C E P X E F T
D H R O Y Z Z K O C B R G A P M G O U O S
I Q O S I X T E E N P A Z F V N N R H K S Y
X G C A T C H I D O N M H P I D I O X L R E
V J S O E X Q M R P I M R E N P E O P R T T
U R N X L R K A R E G N A R T S E T E A Z T
L C E F X E T O N Z G L Z M I T S H Z F J A
O B S Y L E S E F H E N V N P D C L N K Q M
S V F Z J X T E B S L I Q H F S P B Y M T Q
O D L P P J V N Y V Y V H N K W B U G S P
J G P K V R L E C R K I L L U Z E U E F S X
```

PAGE 197

```
B B D Q W Q R W R T Z H O X D S C Y H I F Z
X R D M O U J I N A G G W W Z E I G S V O N
A S A J A I Y Q V U N T Q F B L R D I O G Q
D L U N M T I R O E T C B O A C C D N B N E
E A O R D T G N A Y R S H I C H R V I B B T
T T E Y A E E N R B P A C R C H A T F X C N
V H R X R E G O M Y E S O V E L R B Q R F
U Z E L B S N L I Q B V N W H M A P Y E
B M H Y J U T U P S S P W N M J H T B M U G
F B M W H V V W K E O N R D Y L W X S Z N A
Y R F E F K H W Q H E F O B W F A E F K V H
S F Z V L A N H K F Q P O K F B Q T I L P C
U P Y R H B K A V E I S G E K Y B W M J V C
Q E U N X P I T Y E A W S I K Q C V I Z Y Y
H L Z C K Q A B J B T H X B Q I W N Z R
Z W Z M C Z H W N J L V R E B J K B T Y W M
S H O V E L U R U B U L T L N B S F I Q L B
```

PAGE 199

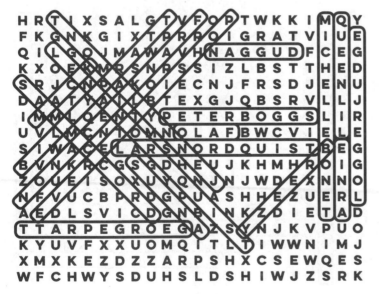

PAGE 203

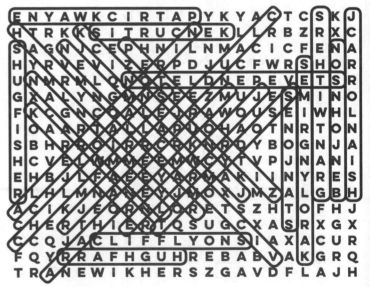

PAGE 205

PAGE 207

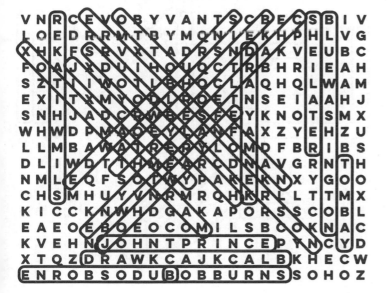

PAGE 209

PAGE 211

PAGE 213

PAGE 215

PAGE 217

PAGE 219

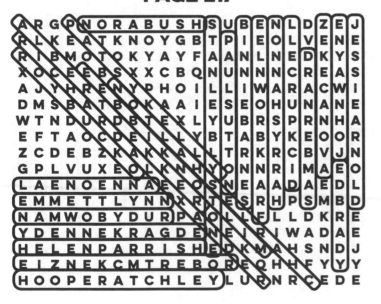

PAGE 221

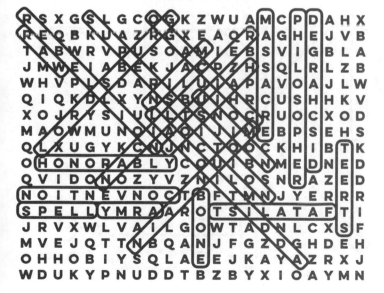

PAGE 223

PAGE 227

PAGE 229

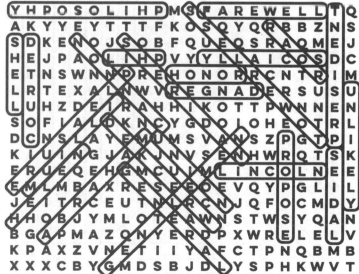

PAGE 231

```
R Z N F Z S E K O C D U B A D T Y C F R R O
Y R U B R E T T A M L O C L A M G W R J A V
F E N J A A U D R E Y B E T Z G E E E Y L R
Z E L A Z N O G Z E L A Z N O G O R D E P R
O L C O N U G L I W O I P D L A R O G R H P
J Z L S O N N I T R A M N A E D G B R A B L
O J A E D W E H E F D R K A I Z E E A C U O
H O U V S S B R C D W O D E I F B R H Y C H
N E D C X S M E B I I W R B U E E T A R K C
W G E W F W U P H R R C I A O J L D M R O S
A R A A D W Y R O S E D K H T N L O P A O P
Y A K I M A C A N U T T L I R I D N Y H F U
N Y I Y R I L E Y H I L L A N B L N G Q P N
E X N E S D O N B O O T H A D S B E L Y W O
N O S L E N Y K C I R J E K W E O R T Z C G
L I Y D T N Y P W A L T E R B A R N E S E D
N I C K B O R G A N I Y K M L O C F X P E Z
```

PAGE 233

```
M U H C T I M R E H P O T S I R H C R V N T
S O N V E R A M I L E S T E T R O R J I X O
P E N O S R E B O R K C U H C R S T Y C L B
M M Y L S F Y A K I M A C A N U T T E T J A
F A U A D M X K N E J V I J E V B Q R O C
A R U P H W H J U A N E N X N P L W A R H E
S Y X K Y O O C M N C N R C Q S A C M N C
V G R N E H K I Y Y A U G P D I R Y D R U
A B Q H N E B A N W J H R F G I D R L O B
K I M A Y E N W A R E K R C T O P B R A U
W O G X N Z K O H G A B U E U I E O A G C
S A T N T C L P H V E U H U C B S N H L E
R P I P I J E C F A L G T Q B T R D Y E T
C C O R V K G X P C R R R R L F M A T N T
K F T D E X O R Z J Y A A O R Y X Y G X E
K A X K A T H L E E N F R E E M A N V D V
P N E D R O W K N A H G W V N G C D W I E J
```

PAGE 235

```
H X S M A Y V C M N Y L K N M K T R C A J L
I C P U E N A B E L A X O J A M S R H O O S
L T I E S P N I O T B S G T U O R O A Y A S
B L P R U A M S A N R H F R E U V R E N W
L L A C T B N I A I D A J P E N H E L M N O
G L I C O E R H I R R M A Q E I W R E T E G
C N E N A C I C A I G T I S N I E T N N D H
E U A S A B I O N Y R P O O K D E E R R Z
S O L D S D N E E I M D E Z H T N R H A U K
J T N G E U H E C N H A S T A H E A O L A Y
M I X I R E P I T R P R T R J E L L M W L
L M G B P M A L A U P L D D A X L C T A F X
E N O B O N A L I I A S R M M N L U K J L P
A S U P E K O V R A U L U A K I O G K M M S
N R E A M R N U G S G Y T B W N C A F X P C
N E L O E H D O R O T H Y J O R D A N L Z X
E L A N I D R A C A I D U A L C J D M C Y D
```

PAGE 237

```
F L A D X B H B G D A T F C F R H P R O U D
E S U W E T C E A G R E A K O F N C Q L B F
D D O F S H K O N C O X T H R O U G H L Y I
I D C G I N S N Q B U A D S G T N G A E A Y
F U U F A T L U P I N S E O E B C M N Z I H
N V S B M I U B B W D C I K T F E O E R X H
C J P S E I M I E R Y S S B I P I M K C O M
G D X P Y K S I V B C O H V N T A Y F Q C K
C S S S N P X U U Q U S L T G I M B B E Z U
K O U N E H F X W N T V T E J O A Y F S U I
D U L R D R T R Z O V Z T I P M Z M O S S M
R H I L Z I K E T Y T R O A I O S R P O E U
L N W D E I D V S R E G N A R T S H N P Y V
G L Y Z T G W E P P T O H D F Z W S A D H Y
X P K H X W E N D U R E H T O M O Q Y M J J
F M F M Z C V S H J O Y J G A Q N E E S E X
```

PAGE 239

```
I H J D R W A P S A Z J Q X Q R W A O P F O
M N R U V D I G R D T N U B G A I L B A R T
L A G T S K A O E U X Q Y L X Y J C M M E A
W Z F N D U Z M H S A H Q D L S Z O H W S I
W X X X I G U O T J Y U N Q A F U I B D T V
E B R D N K E B O J D N G N W S H L U A E X
R I G F B S N K R T V E I J J Q W H A N Y A
H O T W U Y L I B S H O T B J D R A W T P S
W O C A Z P K T F R H Z E G M T S A F A Y
W J C K K O G B Y S X E L B A T C E P S E R
Y E D V E N O T L A D B W D C A B S B D V N
B W E L B P R L I R U L B P I L X P D X A W
R N K R V I L O W D O W N R H I J O E W M H
U S S Y D A O W U D P T G E J B C E A K P G
I C A A A I J M U R P F W T Y K D F Z O C Z
Q T G U V R K U O N C H M T O O M R C Z K K
M G J M S Q H P V Z O F Y Y X B H L M I Q F
```

PAGE 241

```
N U Y D K Z M Z F B N R Y F B R A Z T T G E
A O P E R L V U R S O E R O R E C Q U V B K
U A D Z R H B U L B E S O R U L S G U V W O
X T O N J O C G E U N I G R C Y V S T R F J
R Q V U A E C R V I W J E E E T O R E K Z B
E G X Z D P T F K V W G R S C M F P P C N F
E K A E N D P A F N I V G T A O F H E E S J
L J R D U M E Y E E B N S T B T B L H D T C
O N U O N N R C J Z E U O W Z K C J H J
V S A W U S C T C N U N M C T B N K Z V W X
F L D A O L T F S B E B A K Y X L K V O V J
L Q L L V Y P R T L N H J E X D V H G M W Z
T C E R N I E K O V A C S R M L U D D J P A
N E M S Y U F X G N N N Z J H Z J E I S B P
R Y S X L A O F Y P G N I V R A M E E L B L
E N O O B D R A H C I R F A H K U F Z X V L
O R F O R X C Q T K T H V A P C V C H K W J
```

PAGE 243

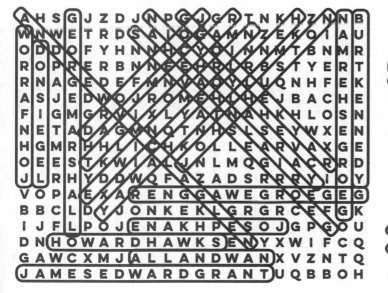

```
A H S G J Z D J N P G J G R T N K H Z N N B
W N W E T R D S A I X G A M N Z E K Q I A U
O D D O F Y H N N H C V O I N N M T B N M R
R O P R E R B N N E E P R L R B S T Y E R T
R N A G E D E F M N V A O Y L Q N H F E K
A S J E D W O J R O M E H L H E J B A C H E
F I G M G R V I X L Y A T N A H K H L O S N
N E T A D A G M N O T N H S L S E Y W X E N
H G M R H H L I C H K O L L E A R V A X G E
O E E S T K W I A L J N L M Q G I A C R R D
J L R H Y D D W Q F A Z A D S R R R Y I O Y
V O P A E X A R E N G G A W E G R O E G E G
B B C L D Y J O N K E K L G R G R C E F G K
I J F L P O J E N A K H P E S O J G P G O U
D N H O W A R D H A W K S E N Y X W I F C Q
G A W C X M J A L L A N D W A N X V Z N T Q
J A M E S E D W A R D G R A N T U Q B B O H
```

PAGE 245

```
R W E N X N G M T R Q T U T K U Y B Q
X E Q Z I S O K K M H H R E U Q K V W L N I
V C R N I A I Q Y S S Q U I N T N C H G A
R E G R E T X A S D H N L F R D H D G X E
L I D E P A R T U R E S F U N L R A Q U J A
E A D T T O U G U V L I O U E Q I A Y O P
N K H E Y R C N B A D M R M G Q V N M R Z W
M K U T D T K I N K A K T K F V R Y G B O
E F B A I E R O Y T I R U T A M V A E H D M
U F Y U M I N O I T A N I L C N I C T E E
P P T N S S E O M U E T A V E R I C H S M N
L G E L A R Q R H M G R T G L R L A E F A T
P S O C O R A A E V I P E B R E Y K A V H J
S T C L R E G N A H Q U L K O L P R T D S Z
H O P M U N T M C U W L Y B N K M R I Z A J
O E J Q N F V S C H O C P B H V Y W N T B O
D A N I F C K Q S N R K Z I X E K A G Y V M
```

PAGE 247

```
M Q V L F H O I J P Q L G G L W N T H U X R
U H T I Q G O D T N P U O B G C S T C N A
R Z I Q E U N A K N J A M Z D D H E R C B I
W O L L A W S I E R N W R B E S T B A U G R
L H Z C J Z N S K O F B F P G F F M E E U F
M G W B L V R U T O M V U U X N B U Z S I J
D H N W F E P E N R H N P T B S J D K Y L C
G B G H D I B U E V C C P K T E M P B J T A
V B R N F E R T O Y P T O O Q Y E L I R W Y
H E A R S S T W T W R M O T H E R O P S P U
M R O X I I O S L W A J N X Q E G F N F F Z
M M B N R N A Z Z S I Z P E G V B L Y G M B
Q Y G C D N E I U O R N E R I E S T V H E R
R B U E X F E P I O I J K C F R V A R N B D
D A R L R G V G P E R G Q B A G N K H T D
E D F I I W P J T I G N I Y L M O N H V Q F
R O G G G Y V K M N F D H M U D J M G N I H
```

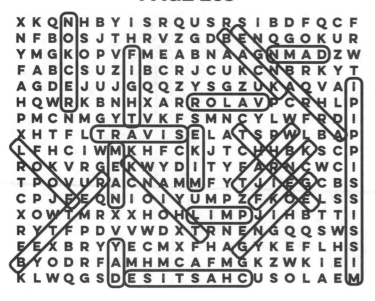

PAGE 251

```
R G Y D F L A G D E P O L L A W R U C W F D
M N S T D R G O T H L M Z G T E H P D Z E N
C I E F P F E H J Z P K E N V K C E W R K U
W L B F X A E H P P M E R I L Q A K L O Y Y
E E I V W F C P Z J P D R N O X F L L P A R
W Y B E C L W K K U O D Q U S B R O Z C C P
S U R Q W Z N S A M J R U J E V D X M P F
D U M Z O L S B R N T G Y F P M E E T I N G
D I L V J I S H E J A U N U R Y Z E A L B U
I Y K L X C Y P S A N P B I U E D R A L E M
R Q B V P K U V F X T L E D S L I V E V A A
L O N G W I N D E D I E R S C S I W P G V O
C L I V Z C M Y A C X U R A P V O P J F E T
R E B O S U A X G B N L M G E Q U R M P R M
Z I E R Y X Z R S K M P F R R C I O C X R B
G M K T U H Y P K G W S N R N H M A T T R Y
```

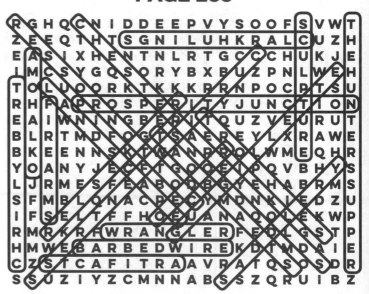

PAGE 253

```
X K Q N H B Y I S R Q U S R S I B D F Q C F
N F B O S J T H R V Z G D B E N Q G O K U R
Y M G K O P V F M E A B N A A G N M A D Z W
F A B C S U Z I B C R J C U K C N B R K Y T
A G D E J U J G Q Q Z Y S G Z U K A Q V A I
H Q W R K B N H X A R O L A V P C R H L P I
P M C N M G Y T V K F S M N C Y L W F R D P
X H T F L T R A V I S E L A T S P W L B A P
L F H C I W M K H F C K J T C H H B K S C P
R O K V R G E K W Y D I T Y F A P N C W C I
T P O V U R A C N A M M F Y T J I E G C B S
C P J F E Q N I O I Y U M P Z F K O E L S S
X O W T M R X X H O H L I M P J I H B T T I
R Y T F P D V V W D X T R N E N G Q Q S W S
F E X B R Y Y E C M X F H A G Y K E F L H S
B Y O D R F A M H M C A F M G K Z W K I E I
K L W Q G S D E S I T S A H C U S O L A E M
```

PAGE 255

```
R G H Q C N I D D E E P V Y S O O F S V W T
Z E E Q T H T S G N I L U H K R A L C U Z H E
E A S I X H E N T N L R T G C C C H U K J E
I M C S Y G Q S O R Y B X B U Z P N L W E H
T O L U O O R K T K K K R R N P O C R T S U
R H H F A P R O S P E R I T Y J U N C T I O N
E A I W N N G B E P I T O U Z V E U R U T
B L R T M D F O G T S A E R E Y L X R A W E
B K E E N N S K T M A N P R O L W M E Q H R
Y O A N Y J E C E T G O O E I P O V B H Y S
L J R M E S F E A B O O B G Y E H A B R M S
S F M B L O N A C C Y M D N K I E D Z U
I F S E L T F F H O E U A N A Q O L E K W P
R M R K R F W R A N G L E R F E D L G S T P
H M W E B A R B E D W I R E K D T M D A I E
C Z S T C A F I T R A A V R A T Q S O S D R
S S U Z I Y Z C M N N A B S S Z Q R U I B Z
```

PAGE 257

```
P C E O F I P I N D W F E C P I Q U S P B P
X E O N O B X B J O U R K D Q T N E V N R E
H J T W O N I P Y R T A B D H D J H R A N V
I N I E B T K L S K T N M O R G A N E A R P
G E J L S O S W L O L K A Z B V R L H Q U D
W L X V H P Y B S Y U M Q L A R I W P S O C
N E M W A L E S M Z C C Z P C G Y V W C P L
N A H E B Y N N H O J L T I R E H B H Y R E
S C I F W B J L C D T A A I F K O D R A M
U W V T O T V F D E G U V N U G L I T U E E
B I L L Y C L A I B O R N E T L U A A T N
V E K A L T R A U T S Y E A I O O Z R L T T
V E N D E T T A R A G G B D G I N K I C A I
J C D R W X E M L B S R A P O E J C Z M Y N
M H U U V A M O F G C Y B O B H J X O M W E
B T Y I O G O T L W U E H L I Y Y J N O E E
N G A D H N C G Q O K S E M H P R Y A T J H
```

PAGE 259

PAGE 261

```
M U W R S A U K E M S G O R F B F R L P A U
X F N F Z A D R A X A D J M L U P G I H Z I
H G U O R H T N U R T N A D B L Q Z A B Z S
D N O M A I D T R H L R I Z V K R C R T L J
R S C D E U U U F C U A F T G F X N R H D
R J D U J O P M E S R L J B E O X X O I T D
C E R T H S P O S Q H X R V O S J J B M I U
W C D S X E A R A I N O T E W A T A B M A I
O U A R D O C K B D Y S P E C T R P I E M F
X W I R O X E Q W T E L E C B R O D O C
F V Q Y O D T H E G O R F D O M E E G X W G
O W T B K W A W R I U H L O E U W W S Q K M
I I T O F T B C C P O S R O P N O Q U O D
R O N W V C W E L A C I S T U H O T I Z E S
H T W B N Y M U O T I H R T O U S U P C Q U
F W T F S G H Z O L O Y N Q A H D N C M K E
B A Y K C T D O P T O X K C H X A Q W E O A
```

PAGE 263

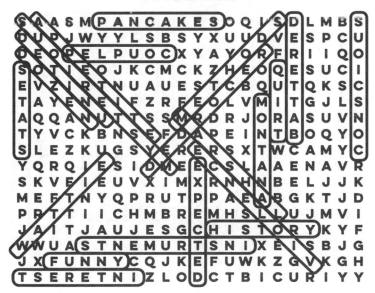

```
E L D L Q F T C D C S D E D L V U C C G P R
T Q W S E T M E O A M T E D X I E E O I R K
S J F C A R D W O R R T I D M X L G Q S T K
D S X Y N A U G P S I W Y A I G H C W T N D
E E W T U N U C X O F S M M R V Y M P U E D
A Q K S Y U E S K N F J O I X T O L B D D L
Z O R U G Y G E Y Q A D G E L T R R C Y I O
H E K K Z I F R E D E R I C K M I O P I C G
P E U R O P E S C H R D E M E V P H P N N I
B S C R Y T Z D S J C S C D W B Q X C G I D
W Z A A I M Z S F Y A T I O H I J L B B C N
E L B M E S E R L C J C A V I K T X A B E T
S C N F J N J N B L I H N W D L I T U V K C
R F K Y I V R E D N E B L I A N E T E Y T N
L F S S Q L L U E A R B O C G G T D D D J W
U X U J F Y W H I C D N R G T I V M T R C S
E B F J U N K B Y P C Q N M N X D U R K J X
```

```
E M T W D O M A L A E H T Y S V F D V M Q D
N C N H F S E S R L Q N T Q O N Y K D A H Z
S L N O E P V H V D H N P U R Q T U R H U Z
S I H A B A J H R A R O Q Z E E D V N K O L
P N R B L J L O T B F X I Q H I W X D H H X
F T V Z H A X A B O T H F U C M N R S H Y A
M O G C B V M M T U N U K N J U L O U V M
X C M G B Z Y R O Y I V W A V B S N Q M O
C K V N Y A M U T F A U X Q M Y J D I F M C
G I F D R T E D B R X M Z P O F C R M H Q A
X V C G I G B I X G H S U C T R G O E C W
R L E N R Q A Q S F J B T B E F G P J K Z M
N L K I L E M O Y Z I K I N H F G C R S S D
T F T W Q N C R C T R D D L T R F Y M Z B I
H K Q F C X S P F C W F M F B K Y Y N G J V
T A C R K C I R C U S W O R L D U C J M E H
Y P S E S G F Q W J E Z I Y Z H N A U A Z W
```

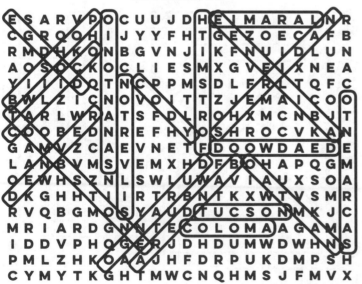

```
E S A R V P O C U U J D H E I M A R A L N R
C G R O O H I J Y Y F H T G E Z O E C A F B
R M D H K O N B G V N J I K F N U I D L U N
A O S O C K O C L I E S M X G V E I X N E A
I I I D Q T N C P P M S D L F R L T Q F C
B W L Z I C N O V O I T T Z J E M A I C O O
T A R L W R A T S F D L R Q H X M C N B J T
C O O B E D N R E F H Y O S H R O C V K A N
G A M V Z C A E V N E T F D O O W D A E D E
L A N B V M S V E M X H D F B O H A P Q G M
O E W H S Z N L S W L U W A V I A U X S O A
D K G H H T I I R T R B N T K X W T V S M R
R V Q B G M O S Y A U D T U C S O N M K J C
M R I A R D G N N T E C O L O M A A G A M A
I D D V P H O G E R J D H D U M W D W H N S
P M L Z H K O A A J H F D R P U K D M P S H
C Y M Y T K G H T M W C N Q H M S J F M V X
```

```
D S D X Z R Y F R J P I C O W C I Q N T D M
L E W E Q I O R B L E X A Y H B V Y I H E L
Y Z T A S R T C A L W A T C H A Q J K V T Y
A T Y A E T G V B S F A D Q R H R K E O S H
E O E E P D S R Z L V A H E U Q A N S E B M
V R U B R S L T T S V G D U T H W W R J Y
C O A D O P N E K I Y B N A M V N J A E N P
O K B P F A M S K F R L T P A O S L U M G F
L U M P M L J A G C R A D D S W U E Q O Y K
T I O O C A N U T I B T P O A X J S N B H
E R W V C G C X I Y Y N Z P E H S X Q Y G D
K A J F D I H Q H Q A G G T E D S W S F E N
T J E D R N A I D N I X X K M U O V B M I
Y O G O O K J C A V T Z I S A V J J F A T P
L O D N E C T Y H H D U L G B Q C S R H E S
G Z E X I F Z Q J P J B M E G Y I M E V B M
```

PAGE 273

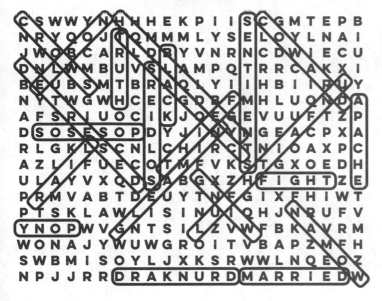

PAGE 275

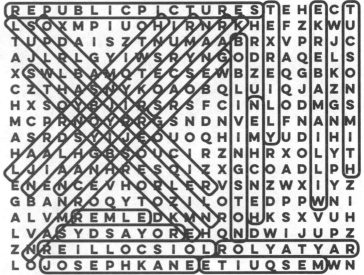

PAGE 277

PAGE 279

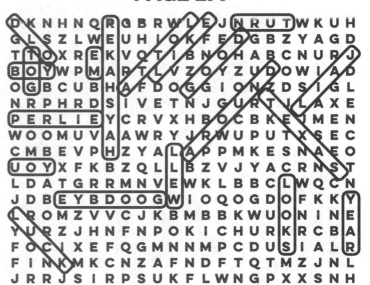

Stagecoach, 1939. Duke originally suggested that Lloyd Nolan play the role of the Ringo Kid.

Media Lab Books
For inquiries, call 646-838-6637

Copyright 2018 Topix Media Lab

Published by Topix Media Lab
14 Wall Street, Suite 4B
New York, NY 10005

Printed in Canada

ISBN-13: 978-1-948174-04-6
ISBN-10: 1-948174-04-9

Cover: Everett Collection. Digital Imaging by Eric Heintz

Page 2 Twentieth Century Fox Film Corporation/Photofest; 16 Pictorial Press Ltd/Alamy; 24 Moviestore Collection Ltd/Alamy; 26 AF Archive/Alamy; 48 Shutterstock; 52 Everett Collection; 60 Everett Collection; 64 Everett Collection; 66 Collection Christophel/Alamy; 70 Everett Collection; 74 World History Archive/Alamy; 80 Wikimedia Commons; 82 Ronald Grant Archive/Alamy; 90 Ronald Grant Archive/Alamy; 92 Bettmann/Getty Images; 96 Everett Collection; 98 Mondadori Portfolio/Getty Images; 100 Everett Collection; 108 Moviestore Collection Ltd/Alamy; 112 Everett Collection; 114 Everett Collection; 120 Globe Photos/ImageCollect; 124 Michael Ochs Archive/Getty Images; 138 AF Archive/Alamy; 140 Ronald Grant Archives/Alamy; 144 Photo 12/Alamy; 148 AF Archive/Alamy; 156 Paramount/Everett Collection; 158 AF Archive/Alamy; 160 Everett Collection; 162 AF Archive/Alamy; 166 Entertainment Pictures/Alamy; 170 GL Archive/Alamy; 174 John Springer Collection/Getty Images; 178 ScreenProd/Photononstop/Alamy; 180 Photo 12/Alamy; 184 Shutterstock; 186 Pictorial Press Ltd/Alamy; 188 Pictorial Press Ltd/Alamy; 190 AF Archive/Alamy; 200 Michael Ochs Archive/Getty Images; 208 Entertainment Pictures/Alamy; 214 Everett Collection/Alamy; 222 Prismo Archivo/Alamy; 230 United Archives GmbH/Alamy; 232 AF Archive/Alamy; 234 Everett Collection; 238 United Archives GmbH/Alamy; 244 Everett Collection; 248 AF Archive/Alamy; 252 Moviestore Collection Ltd/Alamy; 254 Andre Jenny/Alamy; 256 Science History Images/Alamy; 258 World History Archive/Alamy; 260 ScreenProd/Photononstop/Alamy; 268 SuperStock/Alamy; 280 Warner Bros/Photofest

MCA-A21-3